KB175363

막해팅
말고
마케팅

막막해서 막 하고 보는

막해팅
말고

마케팅

민경주 지음

planb
DESIGN

언제나 막막한 마케팅

마케팅은 '하던 대로'가 잘 안 되는 영역입니다.

세계 유수의 석·학사를 모아놓고는 초등학생도 이건 아니라고 생각할 캠페인을 만들기도 하고, 잘못된 시장 분석과 성과에만 집중한 숫자 놀음을 하다가 엄청난 역풍을 맞아 회사가 전복될 위기에 처하기도 합니다.

그래서 마케터들은 언제나 상황을 새롭게 만나게 됩니다. 어제까지 잘 먹히던 마케팅이 오늘 갑자기 안 될 수도 있고, 오른쪽으로 가는 게 정답 같은데 경영진이 왼쪽을 밀어붙일 수도 있습니다.

당연히 생전 듣도 보도 못한 업무들을 해야 하는 상황에 놓이게 됩니다. 분명 SNS를 관리하는 사람이었는데 정신 차려보니 기자들을 만나 기획 기사에 대해 논의하고 있는 나를 발견하는 식입니다.

그래서 연차가 쌓일수록 '한 가지 업무만 한 마케터'는 거의 없어요.

이것저것 별별 일들을 하면서 하나의 유니크한 마케터가 되어갑니다.

그렇다면 그들은 다들 무슨 학원이라도 다닌 걸까요? 사수가 있어서 제대로 된 교육과 가르침을 받았을까요? 아닙니다. 대부분 혼자 낑낑대면서 맨땅에 헤딩하듯 일을 시작하게 되는 경우가 많고, 인터넷을 뒤져 다양한 자료를 찾아보기는 하지만 지금 내 상황에 꼭 맞는 것을 찾지는 못해 막막해하면서 그냥 막 하고 마는 '막해팅' 캠페인을 진행하게 됩니다.

늘 불안하고 이게 맞나 싶을 겁니다.
저는 그렇거든요. 학원 같은 것이 있다면 알려주십쇼.

이 책은 그런 '막막한 마케터'들을 위해 쓰여졌습니다.

평소 내가 하던 업무가 아닌 마케팅 업무를 맡게 되었을 때, 다른 사람들은 이 문제를 어떻게 해결하고 있는지, 이 책에서 떠드는 인간은 어떤 경험을 했고, 그래서 어떤 생각을 가지게 되었는지를 봐주세요. 읽으시면서 필요한 것은 훔치

막해팅 말고 마케팅

고, 아니다 싶은 것을 타산지석으로 삼으십시오. 시행착오를 줄이세요!

한번 죽 훑어보시고 나중에 비슷한 일이 나에게 당도했을 때 슬쩍 꺼내보세요. 평소에는 냄비받침으로 쓰시면 됩니다. E북으로 보신다구요? 디지털 재화의 환불은 어려우니 인생의 좋은 교훈을 얻었다 생각하시고….

이 책에 담긴 내용들

이 책에는 마케터가 만날 수 있는 다양한 업무들을 얕고 넓게 깔아두었습니다. 크게는 기획/실무/데이터 세 가지의 챕터로 분류했습니다. 실제 업무가 대부분 그 3개의 굴레 속에서 돌아갑니다. 이 셋 중 하나라도 빠지면 뭔가 나사 빠진 캠페인이 되어버립니다.

기획편

'기획편'에서는 일을 시작하기 전에 제품과 시장의 상황을 파악하는 방법에 대해 알아봅니다. 고객 입장에서 서비스를 만나는 플로우를 퍼널 구조로 정의하고, 각각의 과정에서 필요한 것들을 먼저 생각한 다음 실무에 들어가길 바라는 마음에서 가장 먼저 배치했습니다.

모든 일은 속도와 방향인데, 기획은 방향에 해당합니다. 방향을 잘 정하지 않은 채 속도만 내면 허구한 날 밤새고 야근하는데 실제로 얻어내는 것은 별로 없는 것 같은 고통에 시달리게 됩니다. 항상 기획을 잘 완성한 다음 실무에 들어가도록 합시다.

실무편

'실무편'은 사실 어떻게 쓰더라도 당신의 업무에 정확하게 들어맞는 설명을 하기는 어렵다는 생각이 듭니다. 일이라는 건 사람마다 스타일이 다르고, 특히 마케팅은 항상 주변 환경을 고려하면서 움직여야 하는데 그 상황이 사람이나 회사마다 다 다르거든요.

그러니 저는 일을 할 때 보다 근본적으로 생각해야 하는 것들, '이 일은 왜 하는 것인가'에 더 집중했습니다. 어쩌면 기획과 더 맞닿아있다고 생각할 수도 있겠습니다. 그러니 '실무편'에서는 바로 실무에 적용될 수 있는 팁을 얻어가기보다는 어떤 문제를 만나도 중심을 잃지 않으며 '이 사람은 이렇게 했다더라' 정도의 지식을 얻어가신다면 충분할 것 같습니다.

막해팅 말고 마케팅

데이터편

'데이터편'은 사실 최신 유행이라 넣었습니다…. 농담이구요. 마케터에게 있어 데이터를 보는 능력은 시대가 흘러갈수록 더 크게 요구될 것입니다. 하지만 데이터를 본다고는 하지만 무엇을 어떤 생각을 가지고 봐야 할까요. 실제 데이터 업무를 하기 전에 어떤 식으로 정리하고 쓰게 될지, 생각해 보아야 할 것이 무엇인지에 대해 설명하려 합니다.

네, 결국 전체적으로 마케팅 기획에 관련된 내용을 이야기 할 거예요.

매 챕터 마지막 부분에 간단하게 정리하는 글도 실어두었으니, 급하신 분들은 그것만 읽고 지나가셔도 충분합니다.

지름길은 없어요

보통 회사는 마케터에게 엄청난 것을 기대합니다. 마케터 하나만 있으면 막혀있던 혈이 뚫리고, 매출이 상승하며 솔방울로 수류탄을 만들어 일본군을 때려잡을 수 있을 것으로 기대를 하는데, 슬프게도 그런 일은 일어나지 않습니다. 같은 '마' 씨지만 마케터는 마법사가 아닙니다. 뭉쳐있는 여러 문제를 하나씩, 그리고 천천히 풀어가는 사람일 뿐입니다.

그렇게 생각하는 마케터가 쓴 이 책도 그러합니다. 책 하나로 대단한 깨달음을 얻어서 작금의 문제가 해결되지는 않을 거예요. 하지만 지금 우리의 문제가 어디에 있고, 무엇부터 시작하면 될지는 어느 정도 감을 잡으실 수 있을 것이라 생각합니다.

일단 시작하면, 꽤 큰 문제도 결국에는 풀어낼 수 있습니다. 솔직히 자료라는 것은 인터넷에 다 있어요. 요즘 인터넷에는 지하철 개찰구 내에 화장실이 있는 역들도 정리되어 있습니다. 챗GPT한테 물어보면 진짜로 다 알려줍니다. 약간씩 뻥을 치는 소소한 문제가 있지만 도구가 없어서 못 한다는 핑계는 이제 먹히지 않아요.

이 책을 읽으면서, 혹은 실무를 보시면서 궁금한 것이 있다면 무엇이 문제인지 파악한 뒤 제대로 된 질문을 던질 줄 알게 되셨으면 좋겠습니다. 그럴 수 있게 되었다면, 이 책의 역할은 다 한 것입니다.

일단 시작하고 보는 '막해팅'이 아니라 이 일을 왜 하며, 어떤 식으로 풀어나가야 할지 기획한 다음에 시작하는 마케팅

막해팅 말고 마케팅

을 이루시길 바랍니다.

저자 민경주

차례

{ 데이터편 }
흐름을 읽는 기술

기획편

X

우리의 시간과
노동력은
소중하니까

마케팅에서는 고객이나 시장, 또는 우리가 달성해야 하는 목표를 '타깃'으로 표현합니다.

　과녁, 그러니까 쏘아서 맞혀야 하는 개념인데요. 총이나 활을 쏴 보면 과녁을 맞힌다는 것이 얼마나 어려운 일인지 알게 됩니다. 손바닥 안에서 각도가 1도 틀어지는 것은 별 차이가 없지만, 과녁과 나 사이의 거리가 멀어질수록 그 1도 차이가 타깃과의 어마어마한 차이를 만들기 때문이죠.

　마케팅도 그렇습니다. 마케팅은 '돈과 시간'이라는 화약으로 '나 자신이 탄환이 되어' 과녁으로 날아가는 종류의 일입니다. 처음 각도 설정이 제대로 되지 않았다면 내가 아무리 돈과 시간을 많이 쓰고, 밤을 새워 일해도 원하는 결과를 얻어내지 못합니다.

　기획부터 글러 먹은 마케팅 캠페인을 야근하면서 진행하고 있자면 이보다 보람없는 일이 없어요.

　　　　　　　　　　　　막해팅 말고 마케팅

그러니 기획을 잘 한다는 것은, 타깃에게 날아갈 각도를 잘 맞힌다는 뜻이 됩니다.

타깃의 위치를 정확하게 파악하고,

그 사이에 있는 장애물, 바람, 공기, 습도 같은 것을 살피고,

여러 시뮬레이션을 돌려본 다음 우리 제품과 서비스를 날리는 거예요!

이번 장에서는 본격적인 마케팅을 시작하기 전에, 올바른 방향을 설정하는 '기획'에 대한 이야기를 하려 합니다.

당장 성과를 만들고 성장하고 싶은 마음은 알겠지만, 일단 올바른 방향을 잡는 방법부터 고민한 다음 움직이자구요.

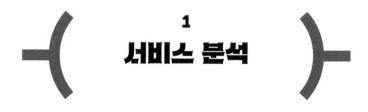

1
서비스 분석

무슨 일을 하고 있는지부터 정의하기

지금 나의 회사가 어떤 일을 하고 있는지,
그리고 어떤 방향으로 가고 있는지를 모른다면
어떤 마케팅을 해도 성과를 내기 어렵습니다.
일단 자신에 대한 고찰부터 시작해 보아요.

누구나 삶에 대한 권태와 불안감 속에서 살아간다지만 마케팅은 확신을 가지고 헤쳐나가기 어려운 직무 중 하나입니다.

실적을 높이기 위해 어떤 행동을 하기는 해야 하는데, 한다고 해서 반응이 즉각적으로 나오는 것도 아니며, 결과를 관찰하지도 못한 채 다음 프로젝트로 넘어가야 하는 상황이 많죠. 윗선이 이야기하는 방향성은 시시각각 바뀌기 일쑤입니다.

그런데 경영을 하는 사람도 혼란스럽기는 마찬가지랍니다. 소위 '구멍가게'부터 대기업까지, 생각보다 많은 사업체의 대표님들이 자신들의 업을 명확하고 깔끔하게 설명하지 못하는 경우가 많습니다. 회사 운영에 대한 이야기를 나누면 늘 불안하고 어렵다고만 합니다.

이는 이미 돌아가고 있는 사업의 범위가 너무 넓어서일 수도 있고, 나아가고자 하는 비전이 너무 거대해서 설명하기 어려운 이유일 수도 있습니다. 혹은 열심히 설명해도 상대가 시큰둥하거나 이해하지 못하는 표정을 짓는 것을 많이 보았기 때문에 정확한 표현을 찾는 것을 포기한 것일 가능성도 큽니다.

하지만 경영진 선에서 이것이 확실하게 정리되지 않는다면 직원들도 자신의 업무를 정확하게 모를 것이고, 고객들은 더더욱 이해하지 못하는 상황의 회사가 되어버립니다.

이번 장에서 알아볼 일이 그것이에요.

내가 지금 뭘 하고 있는지 파악하고 확신을 가지는 일, 나아가 주변 동료와 경영진까지 납득시킬 수 있을만한 '시작점'을 잡는 것을 목표로 해봅시다.

세상에 널린 것이 기업

하나의 인격체로 생각한다는 의미의 '법인'은 국내에 700만 개가 넘으며, 그 중 '대기업'으로 분류되는 기업은 9,000개가 넘습니다. 법인으로 분류되지 않는 개인사업자 같은 소상공인까지 헤아린다면 세상에 '회사'라고 부를 수 있는 집단이 얼마나 많은지, 그리고 그 속에서 펼쳐지는 노동의 굴레 안에서 살아가는 사람이 얼마나 많은지를 새삼 실감할 수 있습니다.

아무리 대기업이 채용을 늘린다고 하더라도, 모두가 10대 기업에 다닐 수 없으니 절대다수는 이름 한 번 들어본 적 없는 중소기업에 다니고 있다는 뜻이 됩니다. 정부가 '대기업'으로 규정한 기업조차도 일반 사람들은 잘 모르는 경우가 많습니다.

우리나라 굴지의 대기업 '삼양그룹'은 역사도 오래되었고 규모도 크지만, 일반인을 대상으로 하는 사업이 많지 않아 세간의 인지도는 그렇게 높지 않은 편입니다. '삼양'을 이야기하면 대부분 라면으로 유명한 '삼양식품'을 떠올리는데, 두 기업은 전혀 상관이 없는 기업입니다.

그래서 삼양그룹의 신입사원 공채 지원 프로그램에는 다음과 같은 항목이 있어요.

'삼양그룹은 라면을 만드는 삼양식품과 무관한 기업이라는 사실을 인지하셨습니까?'

이렇게나 많은 와중에 헷갈리기까지 하는 기업의 세계에서, 우리 사업체는 무엇을 하고, 어떤 위치에 있을까요? 그 사실을 어떻게 알려야 사람들이 우리 기업, 제품, 서비스에 호감을 갖고 선택을 해줄까요?

마케팅은 이런 고민에서부터 출발합니다.

동업의 비극

다양한 인간 군상이 모여 있는 회사에는 자신의 업무 분야에 대해서는 빠삭하게 알고 있어도 다른 팀에서 일어나는 일, 나아가 회사 서비스 구조조차 정확하게 파악하지 못한 채 자신의 일만 묵묵하게 하고 있는 사람들이 있기 마련입니다. 가끔은 마케터도, 심지어 회사 대표라는 사람도 외부 미팅이나 인터뷰 자리에 나가서 내부 현실과 동떨어진 대화를 나누다가 말도 안 되는 약속을 하고 돌아오는 바람에 담당 직원이 고혈압과 심근경색에 시달리는 상황을 만들기도 합니다.

왜 이런 불상사가 일어날까요? 회사라는 곳이 혼자 할 수 없을 정도의 많은 일을 나누어서 하는 곳이기 때문입니다. 일의 규모가 커지고 복잡해질수록, 함께하는 직원이 많아질수록 다른 사람에게 의지해야 하는 일 또한 늘어나는데, 의지할 수 있다는 것은 역설적이게도 남의 일에 관심을 끄기 쉽다는 뜻도 됩니다.

내 앞에 주어진 일에 몰입하면 할수록 회사의 다른 일에는 무감각해질 수 밖에 없는 것이죠.

문제는 이렇게 흩어진 정보와 업무 사항을 한곳으로 묶어주는 사람이 있는 회사가 별로 없으며, 그게 왜 중요한지 모르는 사람도 많다는 거예요! 심지어 신입사원을 뽑아놓고 설명도 제대로 안 해주면서 물어보면 귀찮아하거나 그걸 왜 모르냐는 답변을 하기도 합니다.

누군가가 정리해 주길 기다리고 있으면 결국 아무도 안 하게 되더라구요. 운좋게 누가 정리해 줄 수도 있겠지만 그런 일은 쉽게 일어나지 않으니 스스로 정리하고 생각할 수 있는 기술을 만들어야 합니다.

당장 뭔가 보여줘야 한다는 마음도 이해하지만 상황정리를 먼저 하지 않고 출발한다면 당신의 회사생활과 업무에는 여러 애로사항이 꽃피게 될 것입니다.

돈이 흐르는 방향 찾기

회사의 일이 어떻게 돌아가는지 알기 위해서는 먼저 '돈의 흐름'을 파악하는 것이 좋습니다. 기업의 존재 이유는 돈을 흐르게 만드는 것이니까요.

돈이 흐르지 않는다면 회사가 제대로 된 가치를 만들지 못하고 있다는 뜻입니다. 기본적으로 돈이 없으면 굶어죽고, 돈을 어딘가 재투자하지 않는다면 미래를 포기한다는 의미가 됩니다.

그렇기에 돈의 흐름을 파악하면 회사가 어떤 일을 하고 있는지 규정하기 쉬워지며, 내가 목숨 바쳐 일해야 할 회사인지, 빨리 도망쳐야 할 회사인지 아닌지도 파악할 수 있습니다.

기본적으로 회사가 굴러가기 위해서는 다음의 전제조건이 성립해야 합니다.

- 보유하고 있는 현금이 유지비보다 많다.
- 위의 상황이 계속 유지될 수 있는 시스템을 가지고 있다. (또는 만들고 있다)
- 신뢰를 기반으로 투자를 받았다.

막해팅 말고 마케팅

그리고 마케팅은 위의 전제조건 중 두 번째를 만족시키기 위한 행위입니다. 유지비보다 높은 수익을 만들기 위해 노력하면서, 미래의 가치를 위해 지표를 예쁘게 만드는 역할을 하죠. 세 번째 항목인 투자에 대한 수치도 마케터가 믿음을 줄 수 있는 숫자를 만들지 못하고 있다면 나자빠질 가능성이 농후합니다. 투자자가 뭘 보고 투자를 하겠어요?

하지만 슬프게도 시간과 자본은 늘 한정적입니다. 10명의 고객을 만든다고 해도 일주일동안 만든 것과 한 달 동안 만든 것에는 엄청난 차이가 있습니다. 항상 더 빨리, 더 많은 결과를 만들어야 하죠. 그래서 마케터는 늘 바쁘고 정신없는 삶을 살며, 야근을 하게 됩니다.

그렇다고 야근이 능사는 아닙니다. 근본적으로 잘못된 구조를 가지고 출발했거나, 방향은 맞지만 방법이 틀렸거나, 할 수 있는 것에 비해 욕심이 큰 상황이라면 아무리 집에 못가고 밤낮으로 일해 봐야 밑 빠진 독에 물 붓는 모양밖에는 되지 않습니다. 지치면 그나마 나오던 효율도 떨어지는 법입니다.

그러니 일을 시작하기 전에 우리가 어떤 자본을 어디에 쓰고 있는지를 반드시 파악해야 합니다.

재무제표를 아시나요?

재무제표는 쉽게 말해 회사가 일정 기간 동안 돈을 얼마나 벌었으며, 가지고 있는 돈을 어디에 어느 만큼 썼는지를 기록하는 표입니다. 경영을 하는 사람, 심지어 조그마한 구멍가게를 운영하는 사람일지라도 재무제표를 볼 줄 모른다면, 그럴 생각조차 하지 못한다면 진지하게 사업을 접을 생각을 하는 것이 좋습니다.

기업공개企業公開, initial public offering, IPO: 주식시장에 상장을 한 기업이라면 자사의 재무제표를 반드시 일반에 공개해야 합니다. 하지만, 스타트업이나 작은 기업들에게 이것은 필수가 아닙니다. 그렇다 보니 회사에서 이를 다루는 사람은 한정적일 수밖에 없는데, 그나마 주변 사람들도 관심이 없어 잘 안 보게 되니 거짓말로 작성하는 분식회계 같은 일이 일어나게 됩니다.

그리고 재무제표라는 것이 척 보면 바로 알 수 있는 형태도 아닙니다. 익숙해진다면 슬쩍 봐도 이해가 되겠지만, 잘 모른다면 쳐다보는 것조차 겁을 먹기 마련입니다. 하지만 우리는 재무제표와 친해져야 합니다. 재무제표를 코스믹 호러처럼 여기지 말고 한 번쯤 찾아서 들여다봅시다. 이와 관련된 책이나 글은 차고 넘치니 쉬워 보이는 것부터 차근차근 보는 것도 좋습니다.

앞서 상장사들은 그들의 제무재표를 일반에 공개해야 한다고 했는데요. 'DART'라고, 전자공시 시스템(https://dart.fss.or.kr)에 들어가시면 들어본 적 있는 상장사의 재무제표도 구경할 수 있습니다. 관심이 있거나 조금이라도 알고 있는 분야의 회사 것을 보면 꽤 재미있습니다. 내가 주식을 산 회사를 이렇게 말아먹고 있구나… 하고….

아무튼 재무제표에서 봐야 할 것을 정리하자면 다음과 같습니다.

- 어디에서 벌어서
- 어디에 쓰는가

우리의 업을 설명하는 것은 대부분 '어디에서 버는가'를 통해 설명이 됩니다. 회사가 가장 많은 매출을 내고 있는 분야가 그 회사의 대표 사업이죠.

그런데 가끔 표면적으로 드러난 것 말고 다른 곳에서 돈을 더 많이 벌고 있는 경우가 있어요. 알고보니 대표 사업이 아니라 숨어있는 금융업에서 가장 높은 수익을 내고 있다던가, 특히 IT 기업의 경우 메인으로 내건 서비스가 돈을 못 벌어서 외주개발ᴿ을 통해 회사를 유지하고 있는 모양을 자주 볼 수 있습니다.

그렇다고 '우리 회사는 외주개발사예요'라고 회사를 규정할 수는 없잖아요. 사람이 비전이라는게 있지….

그러니 '돈을 어디에 쓰는가'도 살펴봐야 합니다.

작은 회사라면 대부분 인건비일 텐데, 그 인원들의 면면을 살펴보면 회사가 어느 방향으로 가고 있는지가 보입니다. 전체 인원에 비해 연구개발 인력이 많다면 무슨 이유일까요? 뭔가 연구를 하거나 만들고 있다는 것이겠죠. 그럼 무엇을 만들고 있는지 파악하는 단계로 넘어가면 됩니다.

우리 회사는 버는 돈도 없는데, 쓰는 돈도 불명확한 것 같다면 대표 등 주요 인력과의 대화를 통해 어디를 향해 가고 있는지를 확인하도록 합시다. 뭔가 이상하다면 어서 이직 준비를 합시다.

막해팅 말고 마케팅

돈 버는 미래 상상하기

기업의 자금 흐름을 대충 파악했다면 이제 업계와 환경을 분석해 봅시다. 가장 보편적으로 쓰이는 방법은 'SWOT 방식'입니다. 굉장히 기본적인 지식이기 때문에 대학교에서 교양으로 마케팅 수업을 들어도 이것부터 설명을 합니다.

경영학과를 나왔지만 개발자를 하고 계신 분이 어느 날 '마케터가 되면 평소에 SWOT 같은 것을 쓰나요?'라는 질문을 하셨습니다. 당신께선 대학교때 그 사실이 너무 궁금했다며….

SWOT을 회의를 하거나 프레젠테이션을 할 때 쓰지는 않습니다. 현업에 있다면 다 기본적으로 아는 것이라 굳이 언급하는 것이 부끄러워 안 합니다. 만약 마케팅 업무를 하고 있는데 'SWOT'을 들어본 적이 없거나 잘 몰랐다면 빠르게 익힌 뒤 원래부터 알고 있었던 척하면 됩니다.

'SWOT'은 강점, 약점, 기회, 위협의 각 영어 단어 머리글을 따온 줄임말입니다.

- **Strength** (강점)
- **Weakness** (약점)

- **O**pportunity (기회)

- **T**hreat (위협)

  사실 단어만 봐도 무슨 뜻인지 이해가 되겠죠. 그럼에도 불구하고 각 요소를 풀어보면서 의미를 음미해 봅시다.

  '강점'은 남들에 비해 특출난 것을 의미합니다. 개발자 풀이 좋다던가 제품 퀄리티가 높다던가, 인프라가 잘 갖춰졌다던가. 정 아무것도 없다면 '열정'을 넣을 수도 있겠죠! … 이직 준비 아직 안 하셨어요?

  '약점'은 강점과 반대에 있습니다. 원대한 꿈이 있지만 그걸 만들어 줄 개발자가 없다던가, 자금이 없어서 열정페이로 돌아가고 있다던가, 이러한 이유로 말미암아 내부 인원들의 '사기'가 땅에 떨어진 것도 약점이 될 수 있습니다.

  이 강점과 약점은 소위 '내부요인'으로 분류합니다. 강한 것은 내가 강한 것이며, 약한 것은 내가 약한 거니까요.

  기회와 위협은 굳이 설명하지 않아도 아실 겁니다. 긍정적인 것과 부정적인 것을 외부에서 찾으면 그것이 기회와 위협입니다. 오래전부터 AI 개발을 하고 있었는데 요즘 세간의 관심을 많이 받는다면 이는 '기회'입니다! 그런데 대기업이 우리랑 똑같은 것을 만들고 있다는 소문이 도네요? '위기'입니다.

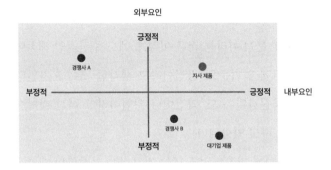

보통은 이해를 돕기 위해 X축과 Y축을 내부/외부 요인으로 정의한 뒤 긍정적인 요소와 부정적인 요소를 값으로 넣어 현재 제품 상황을 설명하는 표로 만들어 쓰기도 합니다. (위의 표 참조) 주로 투자자를 꼬시기 위해 타사를 깎아내리는 용도의 그림을 그릴 때 많이 쓰입니다.

그런데 마케터라면, 각자의 영역을 표가 아니라 개별적으로 생각할 것을 추천합니다. 내부/외부 나눠서 설명하긴 했지만, '위협'이라는 것이 내부로부터 시작될 수도 있고, 반대로 회사 밖에도 있는 것이라 우리의 강점이나 약점으로 작용할 때도 있거든요.

저는 그래서 내부/외부 요인은 '통제 가능/ 불가능' 이런 식으로 생각하고 있었는데, 가끔은 그게 꼭 들어맞지 않을 때도 생깁니다.

그렇다고 내 이론이 틀렸다며 걱정할 필요가 없습니다. 'SWOT 분석'이라는 것은 어떻게 해도 주관적인 해석이 들어갈 수밖에 없거든요. 강점이라고 생각한 것이 혼자만의 근거 없는 자신감일 수도, 약점이나 위협이라고 여긴 것이 지나친 겸손일 수도 있습니다.

명확하게 바운더리를 긋는 것보다는 자신만의 개념을 가지고, 어떤 상황을 줘도 빠르게 머릿속에 정리할 수 있도록 훈련하는 것이 더 중요합니다. 뭐든 어떻게 사용하는지가 더 중요하답니다.

이론에서만 머무르지 않도록

만약 'SWOT'을 실무에서 잘 쓰지 않는다면 마케팅 이론서마다 굳이 지면을 들여 SWOT을 소개하지는 않을 겁니다. 다시 말씀드리지만 회사가 어떤 상태에 있는지 파악하기에 이만큼 통용해서 쓰기 좋은 것도 없습니다.

막해팅 말고 마케팅

잘 정리된 SWOT 분석은 나침반 역할을 합니다. 내부요인으로 소개한 강점과 약점은 강화하거나 고치는 것으로 활용할 수 있습니다. 강점이 있다면 그것을 돋보이게 하고, 잘 포장해서 서비스를 소개하는 것에 이용할 수 있겠죠. 약점은 고치거나 가리는 방법으로 무마시킬 수 있습니다.

문제는 외부요인입니다. 대부분의 외부요인은 우리의 통제에서 벗어난 일들이 참 많습니다. 그래서 저는 앞서 말씀드렸던 것처럼 '통제 가능/불가능'으로 생각을 했었는데, 살다보니 이것마저 통제해 내는 분들이 계시더라구요.

꽃 도매 사업을 하시는 대표님을 만날 기회가 있어 이야기를 나누다가 꽃이라는 재화가 유행에 민감하지 않느냐고 여쭤보니 '그것은 얼마든지 바꿀 수 있다'라는 답변을 하시더군요.

꽃집들은 인스타그램 등 자신의 SNS 채널에 오늘 들어온 꽃이나 예쁜 꽃들을 기계적으로 매일 업로드하는데, 그런 사업자들에게 무료로 꽃 샘플을 제공하면 자연스럽게 업계인들이 해당 품종을 노출해 주고, 생소한 품종도 '요즘 유행하는 것'이 될 가능성이 높아진다는 것이었습니다.

당연히 쉽지는 않겠지만 이렇게 외부요인, 즉 환경적인 요소를 나에게 유리하도록 끌어오는 것 또한 마케터가 고민해야 하는 영역이라는 생각이 드는 일화였습니다.

나의 일과 커리어에 몰두하는 것도 중요하지만, 내가 몸담은 회사, 산업이 어떻게 돌아가는지 파악하는 연습이 되어있다면 마케팅은 몇 번 망한 뒤에도 언제든 다시 출발할 수 있습니다.

☑ 이 정도만 알아가시면 충분합니다

- 마케팅이 지금 어디로 향하고 있는지는 경영진도 잘 모른다.
- 그럴 때는 지금 내가 어디에 서 있는지 파악하는 것부터 시작하자.
- 돈의 흐름을 보면 우리의 주력사업이 무엇인지 알 수 있다.
- SWOT 분석(또는 나름의 방법)으로 현재 위치를 잡는 것에 능숙해지자.

막해팅 말고 마케팅

2
고객 정의

고객은 우리를 모른다

고객은 절대 '알아서' 찾아오지 않습니다.
고객이 어디에 얼마나 있는지를 파악하고,
그들의 행동 양식도 알아두지 않는다면
고객은 우리가 있다는 사실조차 모른 채 살아갈 것입니다.

창업을 준비하고 있거나 이제 막 시작하는 스타트업 대표님들을 만나면 마케팅이 가장 큰 고민이라고 말씀하시는 분들이 많습니다. 기업뿐일까요. 1인 창업, 동네 카페들도 가장 큰 고민이나 해결하고 싶은 문제가 무엇이냐고 물어보면 '마케팅'이라고 답합니다. 제가 마케터라 그런 게 아니라 설문조사 결과들이 그래요.

모든 분야가 그렇겠지만 특히나 마케팅은 절대적인 지표나 방법이 없는 분야이기 때문에 더 어렵게 느껴지는 것 같습니다. 다른 곳에서 성공했다는 마케팅 전략도 우리 회사에서는 먹히지 않을 수 있고, 마케터의 실력이라는 것도 상대적이며 운이 많이 따르는 부분이라 결과에 따라 평가가 갈리기도 하지요.

그런데 꽤 많은 사장님들이 '제품이 좋으면 마케팅은 필요 없다'는 생각을 가지고 있으며, 마케터의 기를 죽이기 위해서인지 당사자에게 그런 이야기를 하곤 합니다. 직원들 실적 같은 것은 깐깐하게 보는 사람들이 자신의 제품은 날카롭게 보지 못한다는 것이 아이러니하지만 많이들 그래요.

세상만사 운칠기삼입니다. 아니 체감상 '운구기일' 정도 되는 것 같아요. 정말로 운이 좋아서 마케팅을 엉망진창으로 해도 좋은 성과를 내는 사례가 종종 있지만, 아무것도 안 하는데 제품이 잘 팔리는 기적 같은 일은 기적적으로 일어나지 않습니다.

운이 다가올 확률을 높이고, 다가왔을 때 잡아야 합니다.

이것이 마케터가 집중해야 하는 일입니다.

알아서 팔리는 물건의 조건

놀랍게도, 알아서 팔리는 물건들이 존재하기는 합니다!

- 대체재가 없는 경우
- 생활에 필수적이며 주기적으로 구매해야 하는 경우
- 다른 경쟁 제품에 비해 압도적인 무언가를 가진 경우(가격, 품질, 디자인 등)
- 이미 대단한 브랜드 가치와 팬덤을 가진 경우

모두 천운이 따르거나 앞서서 깔아놓은 것들이 많아야 이룰 수 있는 것들입니다.

전 세계가 코로나 팬데믹으로 고통받던 시기, 많은 회사들이 실적 악화로 나자빠질 때 말도 안 되는 고속성장을 이뤄낸 기업들이 있습니다. 가장 큰 수혜를 본 기업은 배달업체, 대표적으로 '배달의 민족'입니다.

팬데믹 이전에도 공격적이고 톡톡 튀는 마케팅으로 유명했던 배달의 민족은 리뷰 공정성 문제나 인플루언서 마케팅 과정에서 일어난 사건 사고로 구설수에 올랐으며, 외적으로는 독일의 딜리버리 히어로에 회사를 매각하는 등 여러 가지

부침이 있었습니다. 경쟁사가 슬슬 정리되면서 풍성하게 제공하던 혜택도 크게 줄어들자 고객들의 불만이 커지기 시작했죠.

그러다가 코로나 팬데믹이 터졌습니다. 진짜 이상한 시대였습니다. 음식을 집에서 해 먹는 것이 여의치 않은 사람들은 배달음식을 먹는 것 말고는 선택지가 없었습니다. 배달비가 음식값보다 비싼 느낌까지 들었지만 진짜 어쩔 도리가 없었습니다. 누군가에겐 필수재가 되어버렸으니까요.

이 시기에는 배민뿐만 아니라 쿠팡이나 이마트SSG 또한 유례없는 호황을 누렸습니다. 솔직히 가만히 있어도 사람들이 알아서 쓰고 잘 팔렸습니다.

이제 엔데믹을 맞았음에도 사람들은 직접 돌아다니는 것보다 배달을 시키는 것을 더 편리하게 여기고 있습니다만, 서서히 그동안 당연하던 것들에 반감을 가지면서 배달 수요도 줄어들고, 크게 늘어난 수수료 등을 이유로 배달 서비스를 하지 않는 소상공인도 늘어나는 추세입니다.

앞으로 각 기업들이 또다시 변화된 문화를 어떻게 지켜낼지, 또 코로나 시절에 주저앉았던 산업들이 어떻게 반등 전략을 세울지 지켜보는 것도 재미있는 관찰 대상이 될 것 같습니다.

막해팅 말고 마케팅

코로나를 예로 들었지만 이런 시대적인 흐름이 나를 향해 흐르는 일은 쉽게 일어나지 않습니다. 대부분 무슨 외부 문제가 생겼다 하면 나에게 아주 뭣 같은 상황일 가능성이 훨씬 높습니다. 항상 누군가가 슬퍼하고 죽어갈 때 다른 누군가는 행운을 줍고 있습니다. 부럽다.

고객의 크기 수치화하기

시대적인 흐름은 차치하고, 일반적인 상황을 가정해 봅시다.

누구나 한 번쯤 '전 세계 사람들에게 10원씩만 받아도 떼부자가 될 텐데…' 같은 말도 안 되는 상상을 해 보았을 것입니다. 2023년 기준 세계 인구가 80억 명을 넘었다고 하니 전 세계 인구에게서 10원씩 갹출하면 800억 원이라는 어마어마한 돈을 가질 수 있게 됩니다. 하지만 내 친구들한테 10원씩 받으면 아이스크림 하나도 못 사 먹게 됩니다.

'시장의 크기'라는 것은 이런 것을 의미합니다. 사람이 많으면 수익을 조금씩만 얻어내도 제법 많은 매출을 일으킬 수 있겠지만, 사람이 적은 곳이라면 한 사람에게서 더 많은 돈을 뜯어내야 먹고 살 수 있게 됩니다. 그 미묘한 밸런스를 맞추

막해팅 말고 마케팅

는 것이 가격 책정의 문제죠.

그럼 지금부터는 시장의 크기를 구하는 방법을 알아봅시다. 어떤 사업이나 어떤 제품이든 노리고 있는 타깃이 있을 겁니다. 그들 모두가 우리 제품을 쓰지는 않더라도 어느 정도 점유율을 가져갔을 때 고객들의 크기가 얼마만큼 커질지는 유추해 볼 수 있겠죠.

이를 생각하기 위해서는 다양한 통계를 바탕으로 한 계산이 이루어질 수 있겠으나, 정확하게 측정하는 것은 사실 불가합니다.

통계라는 것은 언제나 오차라는 것이 발생하기 마련이며, 누군가가 미리 통계를 내지 않았다면 내가 원하는 자료는 세상 어디에도 없습니다.

그러니 우리는 비슷한 것들을 찾아서 추측해나가야 합니다.

예시를 통해 알아볼까요? 지금 우리 회사에서 '30대 1인 가구 남성을 노린 가전제품'을 기획하고 있다고 가정해 봅시다. 이때 우리가 먼저 알아야 하는 정보는 '30대 1인 가구의 수'일 겁니다. 남녀를 구분할 수 있으면 더 좋겠죠. 이 정도는 통계청에서 찾아볼 수 있습니다.

통계청 사이트(https://kostat.go.kr)에는 어제까지의 최신 데이터는 아니어도 1년 전까지 측정된 다양한 데이터를 잘 정리해 모두에게 공개하고 있습니다. 정말 별별 데이터가 다 있으니 조사를 해야 하거나 궁금한 것이 있을 때 이것저것 뒤져보는 경험을 해보시기를 추천합니다. 그런데 '이런 것들은 왜 조사했지?' 싶은 자료들은 한가득인데 정작 내가 궁금해하는 통계는 없다는 사실을 알게 됩니다.

◎ 수록기간 : 년 2000 ~ 2050 / 자료갱신일 : 2022-10-20

행정구역별(시도)	가구주의 연령별	2023				
		계	1인	2인	3인	4인
	35세이하	3,446,963	1,993,334	2,448,251	730,083	200,308
서울특별시	합계	4,065,517	1,509,488	1,092,953	777,325	543,470
	24세이하	151,286	133,593	13,710	2,679	1,086
	25~29세	335,729	261,548	56,294	12,685	4,368
	30~34세	369,996	220,461	94,544	39,381	12,908
	35~39세	321,198	122,377	69,698	73,148	45,204
	40~44세	360,669	101,006	60,867	84,767	88,487
	45~49세	352,648	82,824	62,023	83,875	96,519
	50~54세	432,485	90,937	88,324	114,380	110,471
	55~59세	382,821	84,537	95,061	102,611	82,766
	60~64세	401,003	103,006	134,991	100,434	52,298
	65~69세	329,159	94,163	139,739	67,707	22,014
	70~74세	235,176	71,418	108,128	40,173	11,131
	75~79세	185,998	59,669	85,668	28,715	7,985
	80~84세	132,498	49,167	56,548	18,294	5,520
	85세이상	74,851	34,782	27,358	8,476	2,713
	65세이상	957,682	309,199	417,441	163,365	49,363
부산광역시	합계	1,438,970	494,143	438,912	275,961	184,291
	24세이하	44,666	39,371	4,007	860	368

[통계청 연령별 인구 분포]

자, 통계청에서 연령별 인구 분포 통계를 찾아보았습니다. 친절하게도 2050년의 예상 수치까지도 수록되어 있네요.

위의 표에서 서울 기준 30~34세/1인, 35~39세/1인의 수치를 더하면 서울시의 30대 1인 가구 수를 쉽게 구할 수 있습니다. 다른 지역도 마찬가지겠죠.

막해팅 말고 마케팅

하지만 이 표에서는 이 인구들이 가전제품 구매에 사용한 비용은 알려주지 않습니다. 그 자료는 다른 곳에서 찾아야 하죠.

그렇다면 '가구별 지출 통계' 자료를 찾아봅시다. 가구별로 어떤 분야에 어느 정도의 비용을 사용하는지 정리한 통계 자료지요. 전체 지출 중 가전제품 구매에 사용한 비율과 평균 금액 등을 파악한 뒤, 위에서 구한 인구를 곱하면 우리가 판매하고자 하는 '혼자 사는 30대를 위한 가전'이 차지하는 부분이 어느 정도 인지를 추측할 수 있게 됩니다.

위의 표를 통해 대략 서울에 혼자 사는 30대 1인 가구는 35만 명 정도로 놓고, 만약 그 가구에서 가전에 쓰는 연간 비용 평균이 10만 원 정도라고 친다면, 30대 1인 가구의 가전 시장은 35만×10만=약 350억 규모의 시장이라고 말할 수 있습니다.

'그 수치 중 몇 퍼센트를 목표로 하겠다' 같은 장밋빛 전망을 제안서에 실을 수도 있겠군요. 10%를 목표로 한다면 35억 규모의 매출을 내겠다는 목표를 제시하게 되는 겁니다.

나온 수치의 크기에 따라 전략을 다르게 세울 수도 있습니다. 규모가 작다면 그 이유가 분명히 있을 겁니다. 그게 무엇인지 파악하고 더 많은 조사를 실시하거나 다음 해결해야 하는 문제로 진행해 나가면 됩니다.

예시가 조금 투박하기는 했는데요. 이런 식으로 우리가 어떤 규모의 시장을 바라보고 있는지 숫자를 직접 만들 수 있다는 점을 기억해 두시면 됩니다.

여기서 나오는 숫자는 예상치이기 때문에 정확할 필요가 없습니다. 보는 사람도 그 사실을 잘 알고 있으니 그저 논리적이기만 하면 됩니다. 논리적이고 체계적으로 구한 수치를 제시하는 것이 나무위키나 인터넷 뉴스 기사에서 발췌한 것보다 설득력이 높습니다.

이런 접근 방법은 꼭 타깃의 규모를 구하는 것 말고도, 상권 분석 등에도 필요한 작업입니다. 필요한 통계자료는 꼭 통계청에만 있지는 않습니다.

어느 와인바 사장님께서는 가게를 오픈할 장소를 고민할 때 인스타그램의 해시태그 숫자를 참고했다고 합니다. '#연남동맛집', '#성수맛집' 이런 숫자들을 조사해서 인스타그램에 바이럴 시켜주는 사람들의 숫자가 적당히 많은 동네를 유추해나갔던 것이죠.

아무튼, 어떤 방식이든 시장의 규모를 파악하고 나아갈 길을 정했다고 합시다.

그럼 이 타깃들에게 어떻게 어필해야 할까요?

　　　　　　　　　　막해팅 말고 마케팅

통계보다 더 정확한 내 고객의 움직임

시장의 규모를 구하면서 타깃에 대한 내용을 좁혔지만, 여전히 타깃의 정체가 불분명하거나 열심히 생각한 전략이 먹히지 않을 때가 많습니다. 인생사 계획대로 되는 것은 하나도 없습니다. 그럼에도 불구하고 길을 찾는 것이 마케터의 사명이겠습니다.

타깃에 대해 잘 모르겠다면 SNS에 콘텐츠를 발행해 얻을 수 있는 통계자료를 사용하는 것도 방법입니다. 콘텐츠를 올려서 어떤 사람들에게 반응이 일어나는지 모니터링하는 것이죠.

가장 쉽고 빠르게 시작할 수 있는 플랫폼으로 네이버 블로그를 추천합니다. 네이버는 국내 한정으로 전 연령대가 성별에 상관없이 이용하는 채널이기도 하고, 검색 유입을 활발하게 일으키기 때문입니다. 구글은 서드 플랫폼을 활용할 때 검색 유입 통계를 내기가 어렵고, 유튜브나 인스타 등은 콘텐츠를 제작해야 하는 수고스러움이 있습니다. 이에 반해 네이버 블로그는 '글/이미지' 기반이기 때문에 검색 유입과 연령/지역 등의 통계자료를 보면서 활용하기가 편리합니다.

콘텐츠도 만들기도 쉽고, 어떤 콘텐츠가 가장 호응이 좋은 가도 쉽게 파악할 수 있어 시장을 공략하는 전략이나 키워드가 어떤 것들이 있는지를 알아보기에도 좋습니다. 따로 검색 광고를 돌리지 않아도 자연스럽게 유입이 일어나는 것도 강점이에요!

물론 눈에 잘 띄고 사람들이 클릭하고 싶도록 만드는 것은 별개의 영역이기는 합니다. 이는 콘텐츠나 SEO(검색최적화) 같은 것을 이야기할 때 더 자세히 살펴보겠습니다.

다른 채널이나 도구도 많은데 굳이 오래된 플랫폼인 네이버 블로그를 추천하는 것은 방금 말씀드린 대로 가장 쉽기 때문입니다. 구글 애널리틱스마냥 코드 설정할 일도 없고, 데이터 관련 경험이 없어서 '뭘 봐야 할지 모를 때' 사전에 정의되어있는 데이터를 보면서 감을 잡을 수 있다는 장점도 있습니다.

인스타그램이나 유튜브는 솔직히 예쁜 게 장땡이며, 알 수 없는(인간의 논리로 파악이 안 되는) 알고리즘의 영향을 크게 받기 때문에 정확하게 트렌드를 보기 어렵다는 단점이 있습니다. 물론, 콘텐츠 마케팅이 주라면 이들도 잘 활용하실 줄 알아야 하죠.

네이버 데이터랩이나 네이버 광고의 키워드 도구 등으로 단어의 검색량 자체를 조사할 수도 있겠지만, 그 검색량이 어떤 결과로 이어지는지 인과관계를 파악하는 것에는 한계가 있습니다. 그보다는 내 채널 안에서 일어나는 것을 보는 것이 더 정확하고 편리합니다.

늘 새로운 검색어의 세계

앞서 말했듯, 네이버 블로그 통계 메뉴에서는 많은 정보들을 확인할 수 있습니다. 내가 올린 글을 본 사람들의 연령이나 성별부터 '무엇을 검색해서 들어왔는지'를 확인할 수 있어요.

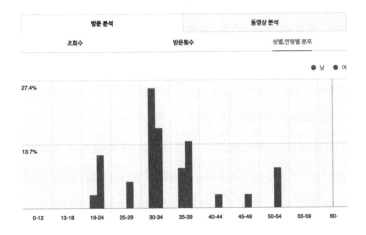

위 그림은 제 개인 블로그의 통계 탭 스크린샷입니다. 저는

30대 초반 남성에게 선풍적인 인기를 끄는 편이네요.

이 통계자료를 보면서 내 콘텐츠가 원했던 타깃에게 닿고 있는지를 판단할 수 있습니다. 어른들에게 팔아야 하는 물건인데 10대 어린이들만 잔뜩 들어오고 있다면 마케팅을 잘못하고 있다는 뜻이겠죠.

블로그 통계의 또 다른 강력한 기능은 '유입 분석'입니다. 어떤 키워드로 검색해서 우리의 콘텐츠를 보게 되는지 알 수 있는 기능이에요.

그 누구도 텍스트를 읽지 않는 시대라고 하지만 텍스트는 모든 콘텐츠와 의사소통의 원천이 되는 요소입니다. 기본적으로 검색을 할 때도 텍스트를 이용하며, 요즘 많이 거론되는 생성형 AI, 대표적으로 챗 GPT 같은 것들도 사람의 텍스트 언어를 이용해서 의사소통을 하기 때문에 놀라운 기술이라고 이야기하는 것입니다.

따라서 제품과 서비스는 설명하는 단어 하나하나 (검색 세계에서는 '키워드'라고 부릅니다)가 매우 중요합니다. 이는 콘텐츠를 올린 뒤 어떤 키워드에서 가장 많은 유입과 클릭이 일어나는지 모니터링해야 하는 이유입니다.

이전 직장에서는 POS 서비스를 마케팅했었습니다. 'POS'는 주로 가게에서 카드 결제를 하는 기계의 소프트웨어를 의미하는데요. 사람들은 대부분 카드를 읽는 기계 자체를 '포스기'라고 생각하는 경우가 많습니다. 다들 디테일을 정확하게 알고 살아가지는 않으니까요.

그렇다면 사람들이 창업을 기획할 때 이 서비스를 어떤 단어로 검색을 할까요? 포스기? 카드리더기? 포스? POS? 계산기?

'카드 리더기'는 SD카드 같은 메모리카드를 읽어 들이는 장치를 말하는 경우가 많아서 정상적인 결과를 얻기 힘듭니다. '포스'라고만 검색하면 게임 같은 곳에서 캐릭터가 쓰는 기술이라던가 스타워즈에서 제다이가 쓰는 포스가 나옵니다. May the force be with you.

영어 'POS'는 또 어떨까요? 장사를 하는 사람들 중에서는 POS가 무엇의 약자인지 모르는 사람도 있을 겁니다. 그분들을 무시하는 것이 아니라 경험에서 오는 확신입니다.

그리하여 가장 열심히 밀기로 한 키워드는 '포스기'였습니다. 고객입장에서도 검색했을 때 가장 정확한 결과들이 나오고, 판매자입장에서도 키워드 광고로 헛돈을 쏠 가능성이 적기 때문에 찾은 합의점이었습니다. 실제로 검색량이 가장 많은 단어이기도 하구요.

또 다른 키워드 결정 방법은 검색량을 알아보는 것입니다. 네이버나 구글같이 검색엔진을 운영하는 곳들은 '네이버 데이터랩, 구글 트렌드'처럼 어떤 검색어가 어느 정도로 검색되는지 파악할 수 있는 서비스를 제공하고 있습니다. 그 수가 정확히 얼마인지는 알려주지 않지만, 비슷한 키워드 대비 검색량의 차이와, 시간에 따라 검색 수는 어떻게 달라지는지 등등을 파악할 수 있어서 유용합니다.

네이버 키워드 광고를 할 경우, 광고관리센터에서 '키워드 도구'를 이용해 검색량을 확인할 수도 있습니다. 데이터랩은 '상댓값'만을 알려주기 때문에 절대적인 수치를 알아보기 힘든데, 키워드 도구에서는 조금 더 절대적인 검색량을 추측할 수 있습니다.

이런 작업들을 통해 검증된 단어들로 콘텐츠를 제작하고, 제목 등을 통해 꾸준히 언급한다면 꼭 키워드 광고를 하지 않아도 타깃이 자연스럽게 유입되는 효과를 거둘 수 있을 겁니다.

고객을 기준에 따라 나눠보기

지금까지는 하나의 고객층만을 이야기했는데, 대부분의 사업은 입체적으로 운영되기 때문에 여러 타깃을 생각해 봐야 합니다. 이처럼 여러 기준에 맞춰서 고객을 나누고 그에 맞춰 마케팅을 진행하는 방식을 '세그멘테이션Segmentation'이라고 합니다.

고객을 나누는 기준은 연령이나 성별, 거주지역 같은 단순한 것도 있지만, 안경을 썼는지 안 썼는지, 해외여행을 다녀온 적이 있는지 없는지 등 다양한 기준을 세우고 나눌 수도 있습니다. 그리고 지금의 플랫폼 기술은 우리가 어떤 사람인지, 누가 착한 아이인지 나쁜 아이인지 대충 파악하고 있어서 이런 기준도 가려낼 준비가 되어있습니다. 산타 할아버지는 다소 석연찮은 모습으로 우리를 감시하고 있습니다.

자, 이렇게 고객을 잘 정의하고 나눌 수 있게 되면 이런 효과를 누릴 수 있습니다.

- 광고 홍보 채널을 정확하게 노릴 수 있다
- 채널의 메시지와 콘텐츠를 그들이 납득할 수 있는 형태로 만들 수 있다

- 그에 따른 반응도 쉽게 수집할 수 있다
- 결과 분석을 할 때도 논리를 쉽게 구성할 수 있다

결과적으로, 마케팅의 효율이 크게 높아집니다.

고객 정의와 구분을 잘하면 고객이 찾아올 때까지 하염없이 기다릴 필요가 없어집니다. 또한, 관심도 없는 사람의 문을 두드리면서 무표정한 관객에게 제품을 설명할 일도 없어집니다.

'관심이 있을 만한 사람의 눈앞에 우리가 제품을 들고 서 있는 것'이 타깃팅의 기술입니다.

너무 당연하게도 돈은 적게 쓰고 효율은 최고가 됩니다.

지금부터는 나의 제품, 내 서비스를 좋아할 만한 사람들이 쓰는 단어나 그들이 보는 콘텐츠가 무엇인지 생각하면서 마케팅을 해보세요. 공허하게 광고비용을 사용하는 것보다 훨씬 좋은 결과가 만들어질 겁니다.

☑ 이 정도만 알아가시면 충분합니다

- 제품이 좋아도 그 사실을 알리지 않으면 아무도 모른다.
- 먼저 어떤 타깃이 우리를 이용할 것인지를 생각하자.
- 타깃의 규모는 다양한 통계자료를 이용해 숫자로 만드는 것이 좋다.
- 타깃의 행동 패턴이나 관심사를 파악하기 위해 SNS를 이용하자.
- 그들이 반응을 보이는 언어에 맞춰서 콘텐츠/광고를 제작하자.

3
시장 조사

경쟁사 염탐하기

사업을 하는 것을 전쟁에 비유할 때가 많습니다.
자원과 땅을 갖기 위해 세력 간 다투는 모습이
꼭 돈과 명예를 위해 기업끼리 다투는 것과 비슷하거든요.
이런 살벌한 경쟁 사회에서 상대방이 무엇을 하고 있으며
어떤 생각을 하고 있는지를 파악한다면
우리의 승률은 더욱 높아질 거예요.

"경쟁사가 뭘 준비하고 있는지 알고 있습니까?"
"그들이 어떻게 마케팅하고 있는지는 알고 있습니까?"

이런 질문들은 어째서인지 몸담았던 모든 회사로부터 들었던 질문입니다. 당신이 잘 몰라서 그럴 수도 있고 답답해서 던진 질문일 수도 있겠지만, 썩 기분 좋은 말은 아니죠. 지금 내가 하는 일에 불만이 많다는 뜻이니까요.

그래서 검색도 해보고, 통계자료도 찾아보고, 이런저런 자

료들을 열심히 뒤져보지만, 그곳 사람을 직접 만나서 따져 묻지 않고서야 다른 회사의 내부 사정을 알기란 쉬운 일이 아닙니다. '우리는 이런 식으로 마케팅한다!'라면서 자사 블로그에 자랑하는 회사들도 있지만, 대부분은 그런 걸 굳이 만들어 자랑할 시간도 없고 의욕도 없습니다.

밖에서 보이는 것이 전부가 아니기도 합니다. 유명하기도 하고, 건실하게 잘 크고 있는 줄 알았던 회사가 사실은 안에서부터 곪아있는 정치의 전당이었다거나, 남몰래 직원들의 월급이 밀리고 있다거나, 몇 달째 직원들의 건강보험료가 체납되고 있었다는 이야기는 항상 사건이 터지고 나서야 알려지게 됩니다.

거래처 대표이사가 바뀌어 세금계산서 발행이 안 되는 문제가 생긴 적이 있었는데, 어찌된 영문인지 물어보니 거래처 담당자도 대표이사가 바뀌었다는 사실을 모르고 있었던 경우도 있었습니다. 내부 직원도 회사에서 일어나는 일을 잘 모르는 경우가 많은데 이중간첩도, 무당도 아닌 우리가 어찌 알겠습니까?

그럼에도 우리는 마케터가 되어버렸다는 원죄로 인해 상대방의 회사가 어떻게 돌아가고 있는지 꾸준히 염탐하면서 동태를 살필 필요가 있습니다.

저는 손이 느려서 잘 못하는데요. 가끔 남들이 스타크래프트나 워크래프트 같은 전략 시뮬레이션 게임을 하는 것을 구경하곤 해요. 한국 남정네들은 거진 그래요.

이때 선수들의 플레이를 보면 모두가 처음부터 마지막까지 정말 열심히도 정찰을 도는 것을 볼 수 있습니다. 이 활동은 꼭 상대방을 공격할 허점을 찾는 것이 아니라 '상대방의 빌드'를 파악하기 위한 중요한 행동입니다. 상대방이 가고자 하는 길, 만지작거리고 있는 카드가 무엇인지 안다면 우리는 그에 대한 대비책을 세우고, 먹혀드는 한 방을 준비할 수 있게 될 테니까요.

어쨌거나 다 사람이 하는 일

본격적으로 상대의 동태를 살피기 앞서, 연차나 규모가 어찌 되었든 경쟁사의 마케터 또한 당신과 크게 다를 것이 없다는 것을 생각하며 시작하는 것이 좋습니다. 물론 마케터라는 사람들이 기본적으로 넓은 업무 범위를 자랑하는 소위 '잡캐'이면서 각자 남들보다 잘하는 영역을 가진 사람들이기는 합니다만, 그들도 출근길에 퇴근을 염원하고, 운빨의 영향을 크

막해팅 말고 마케팅

게 받는 일반인이라는 사실은 변하지 않습니다.

면접을 볼 때 면접관 아저씨를 나를 평가하는 사람이 아니라 집에서 속옷 바람으로 배 긁다가 마누라한테 혼나는 아저씨라고 생각하면 마음이 한결 편해진다고 하잖아요. 내가 무서워하는 것은 그들도 무서워하고, 내가 모르는 것은 그들도 대체로 모릅니다. 또 내가 하는 실수를 그들도 합니다. 그러니 쫄지 맙시다.

일단 경쟁사 이름으로 보도자료 또는 콘텐츠가 나오고 있는지를 확인해 봅시다. 회사는 방안에 틀어박힌 상태에선 일정 수준 이상 성장하지 못하기에, 외부와 끊임없이 소통하면서 자기 어필을 해야 합니다. 그래서 기자들이 써주는 보도자료든, 자사 블로그 같은 채널을 통해 퍼뜨리든, 돈을 써서 매체를 사든 자신들의 업적을 계속해서 이야기하죠. 그것이 고객이나 투자자의 신뢰를 사는 방법이니까요.

외부 미팅을 나가서 회사에 대한 소개를 하면, 상대방은 핸드폰이나 노트북을 이용해 부지런히 우리 회사에 대해 검색을 합니다. 보도자료는 얼마나 내고 있는지, 투자를 받았다면 어떤 라운드를 어느 만큼이나 받았는지 등등을 보고 있죠. 적어도 제가 본 대표님들은 다 그랬습니다. 이 침묵의 탐색 과정에서 아무것도 발견할 수 없다면 '말로만 사업을 하고 있는 사람'이라고 판단해 협상이 결렬될 가능성이 높습니다. 그래서 대표들은 보도자료든 뭐든 '보이는 것'에 굉장히 신경을 많이 씁니다.

기업에 대해 조사할 때 이용하는 사이트로, 스타트업의 경우 '더브이씨(https://thevc.kr)'가 있습니다. 총투자금이라던가 기업 최근 소식, 보도자료 등이 업데이트되는 곳이니 여러분도 상대 기업이 궁금하거나 기초자료를 조사할 때가 온다면 이용하길 추천합니다. 역으로 우리 회사가 어떻게 소개되는지 보는 것도 좋겠죠.

공신력 있는 뉴스 채널을 통해 회사가 언급되면 네이버 등에서 검색했을 때 '뉴스'탭에 실리게 됩니다. 이곳에서 자주 언급된다는 것은 그만큼 파괴적인 것을 가지고 있으며, 활발하게 활동하고 있다는 뜻이기도 합니다. 보도자료 등을 통해 기자와 지속적인 커뮤니케이션을 하는 일을 PR이라고 부르는데요. 이는 나중에 다른 챕터에서 따로 설명드리도록 하겠습니다.

다시 경쟁사 조사 업무로 돌아와서, 네이버 같은 포털 사이트에서 경쟁사의 기업 이름으로 검색을 해봅시다. 언제 마지막 뉴스가 나왔는지 보이나요? 아주 없던가요?

기본적으로 포털 사이트의 '뉴스'탭에 기업에 관련된 소식이 실리고 있다면 매체에 돈을 냈거나 기자들에게 밥도 사주고 차도 마시면서 개인적인 이야기까지 나누고 있다는 뜻입니다.

특히 기사의 퀄리티를 보면 어느 정도 감을 잡을 수 있는데요. 기자가 양념을 좀 쳤거나 다른 주제를 취재하다가 언급하는 형태라면 기자와 관계 형성이 어느 정도 잘 되어있다는 뜻이 됩니다. PR에 공을 들이고 있다는 뜻이죠.

즉, 회사를 알리는 데 '돈과 시간을 열심히 쓰고 있다'는 뜻으로 받아들일 수 있습니다.

반면 기사가 오래되었거나 아주 없다는 뜻은 보도자료를 만들어서 뿌릴 시간이나 인력조차 없거나, 그럴 만한 건더기조차 없는 상황이라고 생각할 수 있습니다. 축하합니다! 경쟁사도 멀쩡한 상태는 아니군요!

가끔 극비 프로젝트를 진행 중이기 때문에 보도자료를 내지 않는 경우도 있습니다만 흔한 일은 아닙니다. 특히 스타트업 규모에서는 말이죠.

만약 경쟁사의 기사가 잘 올라오고 있다고 해도 잃을 것은 없습니다. 경쟁사가 현재 어떤 상황이며 최근 어떤 청사진을

막해팅 말고 마케팅

그리고 있는지를 파악할 수 있으니 그것만으로도 훌륭한 정찰 성과입니다.

보도자료를 중심으로 설명을 했지만, 이 외에도 다양한 채널로 정보를 캐낼 수 있습니다. 블로그 게시글, SNS 계정에 글이 올라오는 빈도와 퀄리티를 통해서도 회사 분위기를 어느 정도 파악할 수 있습니다.

항상 입장을 바꿔서 생각해 봅시다. 만약 우리 회사가 기업에 관련된 콘텐츠를 제대로 만들지 못하고 있다면 왜 그럴까요?

상대방도 똑같아요.

경쟁사보다 '업계의 동향'을 주시하라

경쟁사에 대한 파악이 어느 정도 이루어졌다면 이제는 업계와 관련된 키워드로 검색을 해봅시다. 경쟁사가 하나만 있지는 않을 것이며, 새로 등장한 녀석이 있을지도 모르니까요. 팔고 있는 제품이나 서비스에 대한 주요 키워드를 파악하는 방법은 지난 챕터에서 확인할 수 있습니다.

해당 키워드로 포털사이트에서 검색을 해보면 무엇이 가장 먼저 뜨나요?

검색 광고, 쇼핑광고, 블로그 게시글, 보도자료 등등 일 겁니다. 그중 가장 상위에 노출된 것이 어떤 것이며, 어떤 형태로 나오고 있는지를 체크해 보고, 뉴스라면 기사들을 찬찬히 읽어봅시다. 이때 공통적으로 반복해서 등장하는 표현들이 있을 것이며, 어떤 사물이나 상황, 기관 등이 언급되기도 합니다. 친절한 기자분들은 주석을 달아주기도 하십니다.

이제는 빈도수가 높은 단어를 중심으로 다시 검색해 보세요. 위키백과 같은 온라인 문서는 잘 모르는 것이 있을 때 해당 단어(키워드)를 눌러 그 개념에 대한 문서로 쉽게 넘어갈 수 있지만, 대부분의 뉴스채널 문서에는 그런 기능이 없기 때문에 수동으로 검색해서 지식을 늘려나간다고 생각합시다.

이런 활동들은 업계가 어떻게 돌아가는지를 파악하는 속도를 높여줍니다. 어디서든 '아는 척'도 가능해집니다. 이는 마케터가 무시당하지 않기 위해 매우 중요한 스킬입니다. 지속적으로 검색을 해보고 새로 나오는 뉴스들을 탐독할 수 있도록 합시다.

마케터의 활동이 굉장히 테크니컬하고 멋진 활동일 것이라 기대했겠지만, 실제로 하고 있는 활동은 '이미 다 알고 있는'

막해팅 말고 마케팅

검색의 연속이라니 실망하셨을지도 모르겠군요.

그런데 말입니다. 우리가 일상적으로 이용하는 포털사이트와 검색엔진은 사실 엄청난 기술의 산물입니다. 정보를 찾고 얻어내는 시간을 극단적으로 줄여주고, 연관된 지식까지 쉽게 얻을 수 있게 되면서, 인류 문명은 무시무시한 속도로 성장하게 되었거든요.

그리고 사실, 대부분 이런 간단한 검색도 잘 하지 않습니다.

인터넷 문화의 발전은 '핑거 프린스'를 양산하고 있습니다. 챗 GPT나 정체도 모르는 유튜버가 하는 거짓말을 분별할 수 있는 기술은 아직 나오지 않았지만, 거기서 나온 말은 철썩같이 믿죠. 사실이 아닌 것을 사실처럼 말하는 것도 문제지만, 정보의 누락도 문제가 됩니다. 진짜 중요한 어떤 것을 놓칠 수도 있는데 그걸 놓쳤다는 사실조차 모른 채 지나가는 경우가 많아요. 사실 진짜 중요한 정보는 숨어 있는 경우가 많거든요.

그러니 우리는 하나만 보고 답을 얻었다고 생각하지 말고 파생되는 지식과 콘텐츠도 두루두루 검색하면서 정확한 정보에 가까이 갈 수 있도록 합시다.

커뮤니티 탐독도 중요

검색을 하다 보면 특정 사람들이 모여 있는 커뮤니티를 발견할 때가 있습니다. SNS도 속성이 있죠. 인증샷 좋아하는 인싸들은 인스타에서, 뭔가 덕질하는 친구들은 트위터(이제는 X)에서 놉니다.

이런 SNS 말고도 특정 계층이 모이는 장소들이 있습니다. 소상공인들은 '아프니까 사장이다' 카페에서 놀고, 카페 사장님들은 '커피 작업실'에서 자료를 나눕니다. (특정 카페 홍보가 아닌 회원 수 기반으로 말씀드리는 거랍니다) 취미로 목공을 하면서 알게 된 사실인데 전문 목수들이 모여서 자료를 공유하는 커뮤니티도 따로 있더군요.

내가 몸담은 분야, 그러니까 타깃들이 자주 모이는 커뮤니티가 어디인지 파악하고 눈팅하는 것도 경쟁사 상태를 알아보는 데 큰 도움이 됩니다. 초보인 척하며 '써보려는데 어때요?'같이 사용자들의 의견을 떠볼 수도 있지요.

마케터는 다 구라쟁이들입니다.

그래서 이 정보는 어디에 쓰이나요?

다시 처음의 질문으로 돌아가 봅시다. 누군가 우리에게 경쟁사나 시장 동향을 알기는 하냐고 물어보는, 어찌 보면 무례한 질문을 하게 되는 이유는 남들이 보기에 내가 시장 상황을 잘 파악하지 못하고 있다고 생각되거나, 생각보다 사업이 속도가 나지 않는 것에 대한 조바심이 나기 때문일 것입니다. 진짜로 경쟁사가 어떻게 돌아가고 있는지 알 것이라고 생각해서, 혹은 궁금해서 물어보는 게 아니에요.

아주 부드럽게 해석을 하자면 '현재 시장 흐름에 입각해 다음 스텝에 대한 구상을 나눌 수 있을까요?'라는 질문이 상당히 투박하고 거칠게 표현되는 것이지요. 아니, 생각 자체가 좀 투박한 것 같긴 하지만, 사실 그 누구도 모를 일입니다. 내일 벌어질 야구 경기의 결과를 물어보는 것과 비슷합니다. 아무리 전력이 우위에 있어도 잘 안 될 수도 있는 것이 인생사인데 '반드시 이길 겁니다!'와 같은 대답을 듣고 싶은 거랍니다.

하지만 질문이 들어오면 대답해 드리는 게 인지상정. 막연히 '잘 될 거예요'라는 대답을 하는 것보다 '지금 시장 흐름이 이러이러하니 우리는 이런 것을 대비하고 있다'라고 대답을 하는 것이 제법 괜찮은 평가를 받는 마케터로 자리매김하는 길임을 명심합시다.

☑ **이 정도만 알아가시면 충분합니다**

- 시장이 어떻게 돌아가는지 알 필요가 있다.
- 검색을 통해 경쟁사나 업계 동향을 파악할 수 있도록 하자.
- 이럴 경우 어디 가서 '아는 척'하기 좋아지며 신뢰도 생긴다.
- 누가 물어보면 시장 흐름상 무엇을 준비하고 있다고 대답하면 된다.

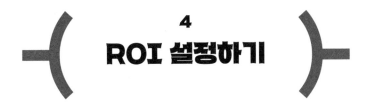

4
ROI 설정하기

얼마 써서 얼마를 가져오나요

꼭 마케팅이 아니더라도,
효율은 우리 사회를 살아가는 데 있어 굉장히 중요한 요소입니다.
그렇기에 효율은 일을 잘 하고 있는지,
혹은 앞으로의 일이 얼마나 중요한 지를 설명하는
핵심적인 역할을 하게 됩니다.

업종에 따라 다르겠지만, 대체적으로 회사의 지출 규모를 분석해 보면 인건비, 자재비 등등을 제하고 가장 많이 사용하는 분야 중 하나가 '마케팅 비용'입니다.

하지만 마케팅 비용은 돈을 주고 재화를 사는 것과는 성격이 다르기 때문에 정확히 어디에 쓰고 있는지 파악하기 어려운 편입니다. 앞에서 말한 재무제표에서도 마케팅 비용으로 썼다는 얘기만 나오지 그게 어땠는지, 무슨 결과를 만들었는지를 따로 적지는 않으니까요.

그리하여 회사가 기울거나 뭐가 잘 안 풀린다 싶으면 마케팅 비용을 삭감하거나 마케터 해고 카드부터 만지작거리는 경우가 많습니다. 회사는 모든 문제의 원인을 마케팅에서부터 찾기 시작하는 고약한 버릇이 있거든요. 잘 되면 경영의 기획력 덕, 안 되면 마케팅 탓입니다.

그런데 당연하게도 마케팅을 손절하기 시작하면 원래 안 나가던 사업이 더 안 나가게 됩니다. 마케팅에 투자하지 않는다는 것은 낚싯바늘에 미끼도 꽂지 않은 채 물고기가 낚이기를 기다리고 있는 것과 같거든요. 가끔 멍청한 물고기가 낚일 수도 있겠지만 매우 드문 경우죠.

그렇다고 마케팅을 그만둘 수는 없습니다. 인건비든, 광고비든, 마케팅에 있어서 돈을 안 쓰면 회사의 수익도 없습니다. 대신 효율적으로 써야겠죠.

가장 중요한 것은 효율

미끼를 던져서 결과물이 나오길 기다린다는 점에서 마케팅과 낚시는 비슷한 점이 많습니다. 아무 미끼나 던진다고 원하는 물고기가 낚이는 것은 아니잖아요. 계절에 따라, 시간에 따

막해팅 말고 마케팅

라 잡히는 물고기도 다르고, 물고기마다 좋아하는 미끼도 다릅니다. 맨날 똑같은 미끼를 던지거나 엄한 미끼를 던져서 물고기가 잡히지 않는다면 그 순간 날려버린 돈과 시간은 다시는 돌아오지 않습니다.

마케팅의 바다 또한 매우 불규칙하며 비논리적인 흐름을 가지고 있습니다. 대자연도 규칙적인 것 같아 보이다가도 이상기온이라던가 천재지변이 일어나 예상과 다르게 흘러가는 경우가 생기잖아요. 마케팅은 더더욱 그렇답니다.

그야말로 진리가 없는 분야이다 보니, 마케터는 여러 방법으로 상황에 맞는 실험을 할 수밖에 없습니다.

우리 제품을 어떻게 전달해야 잘 먹히는지를 매번 새롭게 정의하고 있어야 하며, 이것을 모두가 알아볼 수 있도록 수치화하는 작업을 쉼 없이 진행해야 합니다. 설명하다 보니 마케터는 낚시꾼이 아니라 가라앉지 않기 위해 자면서도 헤엄친다는 참치에 더 가까운 것 같군요.

하지만 실험이란 것이 으레 그러하듯 항상 성공할 수는 없습니다. 시간과 비용을 투자했는데 아무런 성과를 거두지 못할 때도 많죠. 될 때까지 밀어붙일 수도 없는 노릇입니다.

결국 다시 모든 것이 효율의 문제로 돌아오게 됩니다.

ROI : Return of Investment

'ROI'는 글자 그대로 투자한 것(Investment) 대비 결괏값(Return)을 수치화한 것입니다. 꼭 숫자가 아니라 양을 표현할 때 쓰기도 합니다. 그러니 당연히 결과/투자 비율로 표기가 되겠죠. 단순한 법칙입니다.

만약 내 목표가 '회원가입'이었고, 광고비를 10만 원 써서 5명이 회원가입까지 완료했다면, ROI 지표는 다음과 같이 설명할 수 있습니다.

회원 1인 모집 비용 = 10만원/5명 = 2만원

단위 기간을 나눠서 그 숫자가 변화하는 것을 기록하면 내 행동에 대한 결과를 시간 순서로 체크할 수 있겠죠. 달마다, 주마다 어떻게 달라지는지를 정리할 수 있을 거예요.

ROI는 마케팅 외에도 다양한 사람들이 일상적으로 사용하곤 하는데요. 마케터 말고 이 표현을 잘 쓰는 사람들은 개발자가 있겠습니다. 어떤 기능을 개발해달라고 요청했는데 들이는 노력과 시간에 비해 결과물이 미미할 것 같을 때 그들은 '그 일은 ROI가 안 나와요'라고 대답합니다. 이봐, 해 봤어?

ROI에 익숙해지기 위해 실생활에서 다음과 같은 방법으로 응용해 봅시다.

- 나에 대한 그녀의 애정 ROI는 매우 낮은 편이다.

  해석 : 그녀가 내가 해주는 만큼 잘 해주지 않아 속상하다. 나한테 관심이 없나?

- 나의 상사가 ROI가 낮은 업무만 계속 시켜서 스트레스다.

  해석 : 나의 상사가 쓸데없는 일을 만들어서 하는 타입이라 일하는 보람이 없다.

- 이번 한정판은 만족도 ROI가 아주 낮아.

  해석 : 이번 한정판은 가격만 비싸고 품질이 조악하다. 나의 기대에 미치지 못한다.

- 그는 그동안의 주식투자 ROI를 믿고 전 재산을 꼬라박았다. 그런데…

  해석 : 내 얘기 아님

막해팅 말고 마케팅

ROI에서 중요한 것은 '시간'

일정 기간에 목표를 얼마나 달성하는지는 지정된 시간 동안 진행한 마케팅 비용과 캠페인에 따라, 또는 시즌 이슈에 따라 달라질 수 있습니다. 지정된 시간을 묶어서 파악하고, 동일한 기간 동안의 차이점을 확인한 뒤 더 좋았던 것을 계속 취해나가는 것이 퍼포먼스 마케팅의 기본 골자입니다.

단위 시간은 업종이나 마케팅 캠페인의 사이즈, 회사의 호흡에 따라 달라질 텐데요. 이때 기간을 너무 짧게 잡지 않는 것을 추천합니다. 이를 데일리로 보고 있으면 진짜 스트레스를 많이 받게 됩니다.

그쯤되면 문제에 대해 정확한 원인을 파악하기 힘들어 굉장히 편향된 생각의 미신 같은 것이 생기게 된답니다. 그것 알아볼 시간에 내일 할 일을 설계하는 것이 더 바람직합니다.

물론 경영진은 그 시간을 촘촘하게 만들수록 좋아합니다. 저는 '시간 단위로 정리해서 보고하라'는 말도 안 되는 지시를 받기도 했답니다.

ROI는 앞서 말했듯 하나의 지표가 아닙니다. 따라서 회사가 목표로 하는 방향에 따라 다양한 것들을 만들 수 있습니다. 업종마다, 기업의 상황에 따라 달라지기 때문에 마케팅 내부에서 정리하고 트래킹 해야 하는 수치는 정말 무궁무진해집니다. 일단 간단하게 생각할 수 있는 수치들은 다음과 같습니다.

- 광고 클릭률
- 클릭 대비 단가(CPC : Cost per Click)
- 광고 전환율 : 광고를 보고 원하는 행동을 하는 비율
- 고객 한 명을 얻기 위한 마케팅 비용(CAC : Customer Acquisition Cost)

영업팀이라면 영업사원의 미팅 수 대비 성사 확률을 계산할 수도 있고, 접대할 때 사용하는 비용 대비 수익 같은 것을 계산해 볼 수도 있을 겁니다. HR팀이라면 연봉이나 업무 시간을 바탕으로 해당 직원이 얼마나 일을 효율적으로 하고 있는지 생각할 수 있겠습니다.

'단위 시간 내에서 필요한 것을 들인 자본으로 나눈다'라는 사실에 골자를 두고, 다양한 수치를 만들어 통계로 활용해 봅시다. 우리에겐 엑셀(스프레드시트)이라는 자동 계산 툴이 있으니 다양한 수식을 만들고 고쳐가면서 나만의 숫자를 만들

어 봅시다.

다시 말하지만 마케팅 분야에 절대적인 표준이란 없습니다.

ROI는 당연히 생각보다 안 나온다

ROI를 계산할 때 느끼는 감정은 인간관계를 생각할 때와 같습니다.

내가 시간과 돈을 들이면서 잘해 주려고 노력했지만, 나에게 역으로 빅-엿을 먹이거나 오히려 중요한 시기에 등을 돌려버리는 사람들이 얼마나 많아요. 나도 누군가에겐 그런 사람일 수 있을 것이고, 고객들도 마찬가지입니다.

하지만 너무 상처받을 필요도, 필요 이상으로 자책할 필요도 없습니다. 내가 타깃을 잘못 잡았거나 그들에게 필요 없는 호의와 메시지를 던졌다고 생각하고 어서 다른 전략을 만드는 것이 좋아요.

사는 게 다 그렇죠 뭐. 한 번도 상처받지 않은 척 의연하게 살아가야지 별수 있나.

ROI는 보면서 한탄하고 실망하는 숫자가 아니라 다음 단계를 생각하는 지표가 되어야 합니다.

성공하면 성공한 대로, 실패하면 실패한 대로 이유를 냉정하게 분석할 수 있어야 합니다. 슬프게도 그 이유는 명확하지 않습니다. '분석'이라는 작업은 사람에 따라 접근이나 결론이 다를 수밖에 없거든요. 사람마다 얻는 인사이트도, 결정하는 전략도 다를 겁니다.

답도 없는 지표를 잡고 울부짖거나 유체이탈한 흐린 눈으로 방관자가 될 생각은 접고, 다음 전략을 짜야 합니다. 그게 정확할지 어떨지는 중요하지 않습니다. 가설을 세우고 캠페인을 짜는 것을 부지런히 훈련합시다. 회사가 우리의 인생을 책임져주지 않으니 우리 실력이라도 올려 보자구요.

☑ 이 정도만 알아가시면 충분합니다

- 돈과 시간을 쓴다면 어떤 결과를 내는지 기록해야 한다.
- 비율을 계산하면 효율을 알아보기가 쉽다.
- ROI가 구해지면 감상하지 말고 다음 스텝을 만들고 행동하자.

막해팅 말고 마케팅

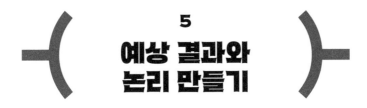

5
예상 결과와
논리 만들기

그래서 이거 하면 뭐가 좋은데요?

한 치 앞을 모르는 마케팅이지만 우리는 항상 누군가를 안심시켜야 하며,
내가 지금 무슨 목표를 향해 달리고 있는지를 설명해야 합니다.
그 과정에서 만날 단계들과 지켜봐야 하는 숫자들을
미리 정하고 공유할 수 있다면, 우리의 프로젝트는
뜬금없이 백태클을 맞는 일 없이 순항할 수 있을 거예요.

사람들은 대체로 빠르고 확실한 결과물을 원합니다. 특히나 한국인들은 성격이 정말 급한 편에 속하기 때문에 시작과 동시에 결과를 물어보는 일이 흔하죠. 그러니 '해보기 전까지는 모른다', '시간이 필요하다', '해봤으나 잘 안 됐다'라는 말을 정말 듣기 싫어합니다. 변명은 죄악이니까요. 하지만 빠른 것이 능사가 아닙니다. 모든 일이 이루어지는 데는 적절한 시간이 필요합니다.

요리를 못하는 사람들의 특징 중 하나는 불 조절을 못한다

는 것입니다. 약불로 재료에 온기가 천천히 스며들 수 있도록 기다리는 시간을 참지 못하고, 강한 불로 재빠르게 지져버려서 겉은 다 태워 먹고, 안은 제대로 익지 않는 대참사를 일으키곤 하죠.

마케팅도 비슷합니다. 급하게 처리한 뒤 좋은 결과가 나오기를 바라는 것은 계단이나 엘리베이터를 이용하지 않고 10층에서 1층으로 뛰어내리면서 안전하게 착지하길 바라는 것과 비슷합니다. 모든 일에는 조금씩, 단계별로 스며드는 과정이 반드시 필요합니다.

그러나 우리와 함께 일하는 사람들, 특히 경영진이나 레벨이 낮은 마케터들은 이런 활동에 의구심을 가지는 경우가 많습니다. 분명 더 빨리 갈 길이 있을 것 같은데 왜 시간이 걸리냐, 왜 안 찾아보냐는 식이죠. 그리하여 우리는 프로젝트나 캠페인을 준비할 때, 역산을 통해 예상치와 걸리는 시간을 보여주면서 그들을 안심시킬 필요가 있습니다.

당연히 계획한 대로 굴러가지 않겠지만, 그렇다고 꿈같은 내용만 써넣는다면 장기적으로 신뢰를 잃게 될 것입니다. 어느 정도 설득력 있는 내용과, 왜 그런 논리 구조가 나왔는지 설명도 해야 합니다.

이렇게 논리 구조를 짜다가 내 머릿속의 이론이 잘못되었다는 사실을 깨닫기도 합니다.

만드는 사람도, 보는 사람도 생각하게 만들 수 있는 작업이니 손해는 없습니다.

어떤 단계의 마케팅 캠페인인가요?

마케팅의 방법은 여러 가지가 있지만 '고객을 데려와서 돈을 쓰게 한다'는 원칙은 변하지 않습니다. 그렇기에 대부분의 산업에서 비슷한 양상을 띄게 되고, 이를 하나의 흐름으로 제시한 것이 '퍼널funnel' 구조 입니다.

'고객이 인지 → 고려 → 구매 → 재구매(감동)의 절차에 따라 마케팅 활동을 체험한다'는 현실 아래, 각각의 단계에 맞는 캠페인을 설계하고 개선해 나가면 끝내 모든 고객의 여정이 완벽해진다는 꿈의 이론입니다!

산업군이나 마케터의 성향에 따라 단계가 더해지거나 생략되기도 합니다만, '앞 단계가 선행되지 않으면 뒤의 단계가 발생하지 않는다'라는 사실만 뒤집어지지 않는다면 모두가 맞는 말입니다.

각 단계에 속한 고객의 숫자를 그림으로 표현하면 깔때기처럼 점점 줄어드는 단계를 타고 내려오게 되겠죠. 그리하여 영어로 깔때기, 즉 '퍼널 구조'라고 설명하는 것이지요.

누구나 납득할 수 있는 상식적인 논리이며, 현재 가장 보편적인 이론입니다. 제 설명이 이해가 되지 않는다면 여기저기 검색하셔서 더 좋은 설명을 찾아보실 수도 있습니다. 그렇게 해도 이해가 되지 않는다면 본인이 마케팅을, 나아가 비즈니스를 할 수 있는 사람이 아니라고 생각할 수 있습니다. 저 진짜 진지합니다.

'퍼널 구조만 잘 설계하면 마케팅은 알아서 돌아간다!'라면서 마케팅 자동화와 마케터라는 직군의 종말을 이야기하는 사람이 있는가 하면 실제 필드에서는 퍼널 구조론이 잘 먹히지 않는다고 주장하는 마케터도 있답니다.

그렇다면 퍼널 구조를 각 단계별로 살펴보죠.

1단계 : 인지

우리가 하루 동안 인식하는 광고의 수는 얼마나 될까요? 출·퇴근길에 만나는 가게와 입간판의 수는 얼마나 될까요? 시간과 범위를 늘릴수록 그 숫자는 기하급수적으로 늘어날

　　　　　　　　　　막해팅 말고 마케팅

겁니다. 그렇게나 많은 광고들, 심지어 광고가 아닌 것들과도 경쟁을 하면서 우리의 제품과 서비스를 드러내기 위해서 어떤 노력을 해야 할까요?

인지 단계에서 고민해야 하는 것들은 그런 것입니다. 보고 즐길 것이 너무 많은, 모두가 자신의 스마트폰만 들여다보고 있는 시대에서 우리의 제품과 서비스를 인식시키는 방법을 고민하는 것이지요. 일단 인식시키면, 필요할 때 떠올릴 테니까요.

사실 고전적인 마케팅에서 인지 단계라는 개념이 존재하기는 하지만 수치로 정확하게 파악하기는 어려웠습니다.

지하철 출구에 어떤 제품의 광고 포스터를 붙였다고 가정했을 때, 그 포스터를 본 사람의 수는 얼마나 될까요? 유동인구라는 개념도 그렇게 정확한 숫자는 아닐뿐더러 그곳을 지나가는 모든 사람이 포스터를 봤으리라는 보장도 없습니다. 광고카피나 이미지는 기억하는데 제품은 인식을 못했을 수도 있겠죠. 그 답을 얻기 위해 설문조사 같은 것을 실시하기도 하지만, 아무래도 정확할 수는 없습니다.

그런데 디지털 마케팅으로 들어오게 되면서 이마저 어느 정도 수치화할 수 있게 되었습니다. '노출'과 '클릭'이 그 예가 될 거예요. 노출은 앞서 말한 옥외광고처럼 보고도 기억을 못하는 숫자일 수도 있지만 클릭은 확실하죠. 인식을 하고 관심이 가니 클릭을 했다는 뜻이니까요. 물론 강제로 클릭을 시키는 악랄한 광고 서비스도 존재하긴 합니다만….

그래서 이 단계의 캠페인을 진행하고자 한다면 이런 결과를 예상하면서 목표를 제시하는 것이 좋습니다.

- 돈을 얼마나 써서 어디에 얼마나 노출을 일으킬 것인가
- 클릭(결과)은 얼마나 일어날 것인가
- 오프라인의 경우 매장 방문 고객 수, 온라인의 경우 스토어/홈페이지 방문 고객 수는 얼마나 될 것인가

2단계 : 고려

저는 첫눈에 반한다는 말은 근거 없는 낭설이라고 생각하는 사람입니다. 언젠가는 누군가가 나를 알아봐 줄 것이며, 저 또한 첫 눈에 반하는 사람을 만날 것이라는 희망을 가지고 살아왔지만 서른 살 넘도록 여자 손 한 번 못 잡아봤답니다. 꺄르륵 (근데 결혼은 함)

마케팅도 그렇습니다. 그저 자리를 지킨다고 해서 우리를 선택할 가능성은 매우 희박합니다. 그나마 다행히도 누군가 우리에게 관심을 갖고 '클릭'이라는 구체적인 행동을 감행했

　　　　　　　　　　　　　　막해팅 말고 마케팅

다면 이제 우주에 우리의 존재를 아는 사람이 생긴 겁니다.

하지만 '안다'는 것이 꼭 '호감'은 아닙니다. 그가 만약 우리를 필요로 한다면 바로 픽하지 않고 이런저런 조사를 하겠죠. 우리가 준비한 서비스 소개 글도 보고, 다른 사람의 리뷰도 살펴볼 것이고, 경쟁사의 제품은 어떤 것이 있는지도 찾아볼 겁니다.

사실 두 번째 단계는 인지 단계와 겹치는 부분이 많은 단계이기도 합니다. 검색을 통해 들어와 그 순간부터 인지하게 되는 고객들도 있거든요. 하지만 이렇게 여러 가능성까지 모두 이야기를 하기 시작하면 끝이 없으니 고객의 행동을 확실하게 콕 집어 이야기하는 것이 좋습니다.

고려 단계에서 제시하고 관찰해야 하는 수치들은 다음과 같습니다.

- 홈페이지 내에서 메뉴를 살펴보는 등 상호작용을 한 고객의 수
- 페이지 내에서 오랫동안 머물거나 어떤 콘텐츠를 본 고객의 수
- (쇼핑몰의 경우) 장바구니에 물건을 넣은 수
- 서비스 설명 게시글의 조회 수
- 고객의 전체 문의 건수

3단계 : 구매

고려 단계 이후 구매로 넘어가는 부분이 사실 가장 어렵습니다. 쇼핑몰의 경우, 언제 가장 이탈이 많이 일어나는지를 조사하면 장바구니나 제품 상세페이지인 경우가 많습니다. 뭔가 마음에 안 들었거나 조금 더 고려해 보자고 생각한 다음 구매를 아예 잊어버리는 식이죠.

그러니 이때는 거의 다 넘어온 것 같은 고객에게 프로모션이 있다는 사실을 슬쩍 알려준다거나 문의를 해놓고 다시 돌아오지 않는 고객에게 생각해 보셨냐고 메시지를 보내는 등등 어떻게든 관심을 다시 끌어오는 활동을 해야 합니다.

그래서 이 단계의 목표는 명확합니다.

구매 또는 계약입니다.

4단계 : 구매 이후의 행동들

드디어 팔렸습니다!

하지만 여기서 만족해하며 돌아선다면 사업은 지속되기 어렵습니다. 앞서 고려 단계에서 언급했던 것처럼 고객이 리뷰라도 남겨야 다음 고객이 와서 꽤 많은 고객들이 이 서비스를 이용하고 있다는 사실에 믿음을 갖고, 품질의 퀄리티를 확인하고 구매를 고민하게 됩니다.

그렇다면 리뷰는 어떻게 유도할 수 있을까요? 배달 플랫폼의 리뷰 이벤트나 네이버 쇼핑에서 후기를 남겨야 포인트를 주는 시스템을 생각하시면 됩니다. 저도 리뷰를 정말 안 쓰는 편인데 포인트를 주면 억지로라도 글을 씁니다. 이렇게 혜택을 볼모로 잡고 구매의 기록을 어딘가에 남기도록 하는 것은 다음 고객의 구매를 촉진하는 데 큰 힘이 됩니다.

재구매라는 것은 굉장히 중요한 지표입니다. 정말 좋았다면 주변 사람에게 소개를 하거나 자신이 또 경험하러 올 것입니다. 그래서 구매 이후의 행동을 '감동'으로 표현하는 마케터들도 있습니다.

이렇게 다른 사람의 구매를 촉진하거나 재구매하는 것 외에도 제품에 대한 피드백을 받는 것 또한 구매 이후의 행동에 있어 중요한 요소입니다. 좋든 나쁘든 피드백을 들어야 우리 제품의 장단점을 확실하게 파악할 수 있거든요.

이때 각 목표에 따른 숫자들, 즉 만족도, 리뷰 수 등이 주요한 지표가 되겠습니다.

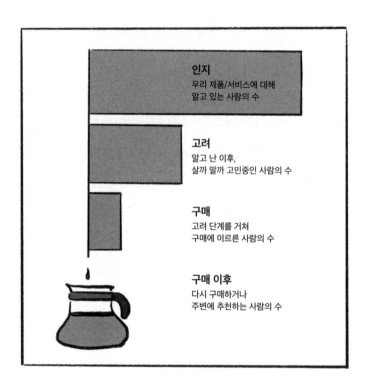

인지
우리 제품/서비스에 대해
알고 있는 사람의 수

고려
알고 난 이후,
살까 말까 고민중인 사람의 수

구매
고려 단계를 거쳐
구매에 이르른 사람의 수

구매 이후
다시 구매하거나
주변에 추천하는 사람의 수

막해팅 말고 마케팅

그래서 예상 결과치는 어떻게 구하는데요

마케팅 캠페인이 속할 수 있는 단계를 정리했으니 다시 이번 장의 메인 주제로 돌아옵시다.

각 단계에 대한 예상 결과를 어떻게 만들 것인지를 생각해보자구요.

1차원적인 방법으로, 캠페인에 들어가는 비용과 결괏값을 계산해 ROI를 구하는 것이 필요합니다. 앞의 장과 같은 이야기를 반복하고 있는 것 같지만, 사실 이것이 마케팅 설계의 알파이자 오메가입니다.

광고판에서는 비용과 결과를 놓고 구하는 ROI를 ROAS^{Return of Ad Spend}라고 하는데요. 사람에 따라서는 ROI보다는 ROAS를 더 많이 말하기도 합니다. 마케팅 개념이나 단어는 사람마다 달라서요. 어떻게 말해도 알아들으면 됩니다.

다음으로는 이를 달성하기 위한 방법을 말해주어야겠죠. 광고라면 어떤 광고를 할 것인지, 프로모션이라면 어떤 혜택을 줄 것인지가 해당됩니다.

마지막으로 기대 효과와 파생효과를 정리하면 캠페인 하나가 후루룩 말아집니다.

캠페인의 설계 단계부터 실행, 마무리까지 정리할 때 필요한 것을 살펴보기 위해 간단한 예제를 만들어 봅시다.

> 신규 서비스를 런칭하면서 사전예약 고객을 유치하는 마케팅 활동이 필요합니다. 전체 광고 예산은 100만원입니다.

이 경우, 앞서 말한 퍼널 구조에서는 고객을 '고려 단계'까지 끌어오는 것을 목표로 하는 캠페인이 될 겁니다. 여기서 구매까지 바라는 것은 욕심입니다.

그렇다면 고객이 인지할 수 있는 광고가 필요할 것이구요. 그 광고를 보고 들어온 사람들에게 서비스에 대해 안내하는 랜딩 페이지도 필요합니다. 경우에 따라서는 프로모션이 추가될 수도 있겠죠.

간단하게 목표를 잡고 정리하자면 이런 식입니다.

노출	유입	고려	결과	
온라인 광고 노출수	광고 클릭률	랜딩 페이지 전환률	총 신청 비율	ROAS
1,000,000	3%	5%	5%	₩1,000,000
	30,000	1,500	75	₩13,333

막해팅 말고 마케팅

위의 표에서 나타난 숫자들을 말로 풀어내 최종적으로 '고객 한 명을 데려오는 비용을 13,000원 정도로 예상합니다'라고 이야기하면 됩니다. 광고 클릭률이나 고려 단계에서 발생하는 전환율 같은 것은 이전에 진행한 캠페인을 참고하면 되겠고요. 아직 실행 전이니까 정확할 수는 없지만, 어느 정도 경험을 바탕으로 한 수치를 제시해야겠죠.

절대 정확할 수 없습니다. 크리에이티브의 영향도 꽤 있고, 광고 플랫폼이 원하는 대로 작동하지 않을 수도 있습니다. 그저 추측할 뿐이죠. 하지만 여기서 중요한 것은 정확도가 아닌 '어떤 논리를 가지고 가설을 세웠는지 설명하는 것'입니다.

그리고 이런 내용을 스프레드시트로 작성한 이유는 각 단계의 숫자와 비율을 바꾸면서 결괏값을 만들어 갈 수 있기 때문입니다. 일례로 광고 중 유입을 시키는 광고와 재유입을 시키는 광고(리타깃 광고)가 있는데, 이것들을 어떻게 조합하느냐에 따라 가설이 또 달라집니다. 그러니 가장 효율적인 캠페인 구조를 생각하고 정하면 됩니다.

이런 식으로 목표로 하는 결괏값을 역산해 나가면 마지막에는 전체 마케팅 비용을 결괏값으로 나누어 전체 ROAS를 구할 수 있게 됩니다. 캠페인 여러 개가 합쳐진 우리 회사의 마케팅 효율성 같은 것도 한 번에 묶어서 볼 수 있겠고요.

당연히 예상대로 안 됩니다

우리는 궁예가 아닌지라 관심법을 쓸 수 없습니다. 미래와 사람의 속은 알 수 없기 때문이죠. 고객들은 절대로 우리가 생각한 대로 움직여 주지 않습니다. 소위 '체리피커'라고 불리는, 프로모션에 사용되는 경품이나 혜택만 쏙쏙 빼먹고 서비스는 이용하지 않는 고객들도 정말 많습니다.

현실은 항상 상황을 보면서 유연하게 바꾸는 작업이 필요합니다. 이 내용은 도입부에서 말씀드린 것처럼, 설득하거나 설명하는 단계에서 사용하기 위한 기획 단계의 계산이라고 생각해 주시면 되겠습니다. 이걸 보여 주면 우리는 시간을 벌 수 있습니다.

그리고 이 절차를 제대로 밟으면서 생각하는 것에 익숙해진다면, 문제가 발생했을 때 대처법을 찾는 것이 조금 더 빨라집니다.

'고려 단계'까지 고객들이 거쳐 갔는데 실제 구매가 일어나지 않는다면 랜딩 페이지를 바꿔 보거나 구매 프로모션을 진행해 볼 수도 있겠고, 클릭 자체가 일어나지 않는다면 광고 크리에이티브나 매체 전략을 바꾼다거나 하는 식입니다.

막해팅 말고 마케팅

☑ 이 정도만 알아가시면 충분합니다

- 상급자나 같이 일하는 사람을 설득하기 위해서는 예상 결과, 논리구조가 필요합니다.
- 퍼널 구조(인지-고려-구매-재구매) 단계에 따라 캠페인의 목적을 정합니다.
- 예상 목표와 그 안에 들어갈 요소들을 정리합니다.
- 계속 모니터링하면서 세세한 것들을 바꿔나갑시다.

〔 실무편 〕

X

문제 해결 방법은
하나가
아니에요

실무 파트는 쉽게 쓰이면서도 어려운 파트입니다.

내가 일하는 방식이 다른 업계에서는 맞지 않는 것일 수도 있고, 사람 성향에 따라서도 천차만별이기 때문이지요. 그래서 이 파트를 읽으시면서 '이건 아닌데'라거나 '이건 왜 설명을 안 해주지?' 싶은 것들이 한두 가지가 아닐 겁니다. 껄껄.

저 또한 어떤 종류의 고정관념에 사로잡힌 사람일 수도 있으며, 제가 당연히 알고 있는 것이 누군가에게는 그렇지 않을 수도 있기 때문이에요.

이 파트를 통해 전달하고 싶은 내용은 '이렇게 일하자'가 아니라 '이렇게 문제를 해결해 보자'입니다. 둘은 분명한 차이가 있습니다. 내 브랜드가 어디서 어떻게 보일지를 생각하고, 그에 맞는 대응책을 마련하는 훈련을 한다고 생각하시면 좋겠습니다.

막해팅 말고 마케팅

읽으시면서 호기심이 가거나 궁금한 것이 있다면 다른 책을 찾아보거나 검색을 해보시는 것이 좋아요. (저한테 물어보셔도 돼요)

"책 한 권만 읽은 사람의 철학이 가장 무섭다"는 말이 있잖아요. 한 가지 방법만 고집하지 마시고, 가능한 여러 자료를 보면서, 또 직접 실무를 경험하시면서 나만의 업무 스타일을 찾아가도록 하세요.

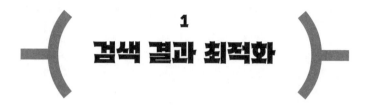

1
검색 결과 최적화

회사를 검색해도 안 나와요

우리에게 관심이 있거나, 우리가 주로 하는 서비스에
관심을 가진 고객에게는 어떻게 다가가야 할까요?
검색엔진에 회사 이름을 검색해도 나오지 않는다면 어떻게 해야 할까요?
실낱같은 고객도 놓치지 않고, 오히려 더 확실하게 잡기 위한
매력적인 검색 결과를 만들어봅시다.

불과 십여 년 전까지만 해도 새로운 것을 알게 되었거나 궁
금한 것이 생겼을 때 검색부터 하고 보는 것은 그렇게 당연한
행위가 아니었습니다. 그래서 회사의 어르신들은 신입사원들
이 잘 모르는 이야기가 나왔을 때 스마트폰을 꺼내 검색부터
하는 것을 놀란 눈으로 바라보곤 했습니다. 어느 시대나 있었
던 '요즘 애들'을 나누던 기준이 당시에는 '즉각적인 검색'인
셈이었습니다.

'요즘 애들'이 검색에 진심인 덕에 검색 채널도 굉장히 다

막해팅 말고 마케팅

양해졌습니다. 예전에는 네이버나 구글 같은 검색엔진에서만 검색을 했다면 요즘은 인스타그램이나 유튜브에서 검색을 시작하는 사람들도 있습니다.

이렇게 검색이 가장 기초적인 행동이 되어버린 작금의 시대, 누군가 회사 이름이든, 제품명이든, 이름을 몰라서 비슷한 것을 검색하든 검색 결과에 우리 회사가 걸려 있다는 사실, 나아가 구체적으로 어떤 형태로 보이는지는 우리의 존폐가 걸린 문제일 것입니다.

검색 결과에 우리를 노출시키되, 가능한 최대로 아리따운 형태로 보여 주기 위한 일련의 활동들을 'SEO Search Engine Optimization' 라고 합니다. 우리 말로는 '검색엔진 최적화', '검색 최적화'로 표현할 수 있겠군요.

검색엔진은 어떻게 굴러가는가

검색엔진에 예쁘게 걸리기 위해서는 먼저 검색엔진에 대한 개념을 정의하는 것이 좋습니다.

검색엔진은 검색 기술을 가지고 있는 서비스, 대표적으로 구글이나 네이버 같은 회사가 관리하는 일종의 AI 프로그램이라고 설명할 수 있습니다. 인터넷 세상을 돌아다니며 여러 페이지를 한 번씩 긁어서 내용을 수집하고, 비슷한 것을 찾고 있는 사람에게 가장 최적의 결과를 가져다주는 것이 가장 중요한 목표죠.

국내 한정으로 검색은 거의 네이버 아니면 구글에서 일어난다고 볼 수 있는데요. 지금이야 네이버가 검색엔진이라기보다 생활 플랫폼으로서의 성격이 강해졌지만, 여전히 '검색' 그 자체의 파괴력은 강력하답니다. 그걸로 돈을 벌고 있고요.

구글은 여전히 '검색'이라는 아이덴티티를 강하게 고수하고 있습니다. 메인 영역에는 로고와 검색창, 검색하기 버튼만 심플하게 놓아두고 뭐든 물어보라며 고객의 행동을 집중시키고 있죠. 지난 20년 동안 추가된 버튼이라고는 'I'm feeling lucky' 뿐이라고 하니 얼마나 고집스러운 회사인지 감이 옵니다. (I'm feeling lucky 버튼을 누르면 검색 결과 페이지를 보여주는 것이 아니라 검색 결과중 하나의 페이지에 들어가는, 다소 실험적인 버튼이랍니다. 그야말로 운에 맡기는 버튼이에요.)

아무튼 이런 검색 서비스에서 가장 중요한 것은 '속도와 정확도'입니다.

무언가를 검색할 때마다 AI가 전 세계의 수많은 문서들을 하나씩 뒤지기 시작한다면 검색 결과를 얻기까지 굉장히 많은 시간이 소요될 겁니다. 인터넷상의 문서와 자료는 지금도 실시간으로 늘어나고 있고, 이제는 용량이 큰 이미지와 동영상까지 만들어지고 있으니 모든 문서를 다 들춰본다는 것은 상상도 못할 일이죠.

그렇다고 급하게 아무거나 가져올 수는 없습니다. 이래저래 문서가 가지고 있는 정보가 무엇인지, 그 문서가 다른 곳에서 얼마나 많이 참조가 되는지 등등도 따져봐야 합니다.

그래서 검색엔진들은 매일 전 세계 웹에 뿌려진 페이지를 읽어보면서 그 안에 들어간 텍스트와 이미지를 자신만의 방법으로 정리해 둡니다.

하나의 거대한 도서관을 생각하시면 됩니다. 도서관이나 서점은 수많은 책을 빨리 찾기 위해서 책의 종류나 출판사 등등을 여러 기준으로 정리한 뒤 나름의 색인을 따라 책을 검색하잖아요. 그 작업이 책이 아닌 인터넷 문서로 이루어지고 있다고 보시면 된답니다.

여기서 중요한 것은 '정확도'입니다. 만약 제 필명인 '곳사슴'을 검색했는데 제가 쓴 글이나 사이트가 나오는 것이 아니라, 수십여 년 전 꽃사슴을 쓰다가 오타가 난 페이지를 가장 먼저 보여 준다면, 어필을 제대로 하지 못한 제 탓도 있겠지만 검색엔진이 엉뚱한 것을 중요하게 생각하고 있다는 뜻이 됩니다.

하지만 기계는 대체로 엉뚱하고 멍청합니다.

정확히는, 나와 우리 회사를 자세히 들여다볼 정도로 한가하지 않습니다.

산타 할아버지가 우리에게 선물을 주지 못하는 이유는 인구는 끝도 없이 늘어나는데, 전 세계 어린이를 파악하고 빛의 속도로 달려 빛의 속도로 굴뚝에 선물을 꽂아 넣어도 하룻밤 사이에 목표 달성을 할 수 없기 때문이예요.

검색엔진도 마찬가지입니다. 지구상 모든 웹을 돌며 색인 과정을 하는데 사람들이 보지도 않는 키워드와 문서까지 신경 쓸 여력은 없습니다. 그런 것까지 챙기다가는 정확도는 현저히 떨어질 수밖에 없습니다.

'그래도 언젠가 바라봐주겠지'라며 마냥 기다리고만 있으면 검색엔진은 자신이 가지고 있는 지도가 틀리지 않았다는 그릇된 신념을 가지게 됩니다. 뭐든 불만을 말하지 않으면 불만이 있는지도 모르는 법입니다.

빽과 힘이 없는 우리가 할 수 있는 것은 그들이 좋아하는 것을 좋아하는 방법으로 떠먹여 주는 방법밖에 없습니다.

막해팅 말고 마케팅

검색엔진은 메타데이터를 좋아해

SEO에서의 메타데이터Meta Data는 검색엔진이 페이지를 읽어 들이는 형식에 맞춰서 페이지의 구성 요소를 미리 입력해 두는 것을 말합니다. 만약 이것이 없다면 검색엔진은 페이지에 있는 글을 토대로 내용을 해석할 텐데, 이는 제법 많은 컴퓨팅 리소스를 필요로 하며, 텍스트를 이미지에 올려놓는다거나 하면 검색엔진이 알아들을 수 없기 때문에 검색엔진이 우리를 발견하지 못하는 이유가 되어버립니다.

또 데이터라는 것은 들어갈 수 있는 자리에 알맞은 형식으로 이루어진 것만 먹는 경향이 있습니다. 정리하자면 '데이터를 먹기 쉬운 형태로 정리해 떠먹여 준다'라고 생각하시면 되겠습니다.

데이터가 어떤 형태인지 궁금하다면, 일단 검색을 해서 검색엔진이 내용을 어떤 식으로 보여 주는지를 살펴보시면 좋습니다.

구글에서 '곳사슴'을 검색했을 때 나오는 결과입니다.

곳사슴보다 꽃사슴의 검색량이 월등히 높기 때문에 혹시 오타가 난 것이 아니냐고 물어보는 내용이 가장 먼저 표시가 됩니다. 검색을 한 흔적이 아예 없다면 그냥 '꽃사슴'으로 대

체해서 검색을 해버렸을 텐데 다행히도 누군가가 찾아주신
덕분에 '곶사슴'에 대한 결과가 나왔습니다. 그 이름 모를 분
들에게 감사의 인사를 드립니다. 흑흑

제가 따로 홈페이지를 만들거나 하지 않았으니 플랫폼에서
제가 쓰고 있는 닉네임을 긁어서 보여 줍니다.

이제 검색 결과로 표시되는 것들을 하나하나 살펴봅시다.

· 플랫폼 이름 (단독 페이지라면 없을 수도 있어요)

· 플랫폼 로고 (동그라미 안의 것입니다)

· 페이지 제목

· 페이지 설명 (본문 내용이 표시될 때가 많아요)

· 이미지

여기서 '서비스'라면 사이트맵에 따라 세부 메뉴가 표시된 다거나, 전화번호 같은 것이 추가되기도 합니다만, 대체로 고객이 우리를 검색했을 때 마주하는 결과는 위의 것과 크게 다르지 않습니다. 따라서 이 내용 안에서 대충 저 정도의 분량으로 우리 서비스의 이름과 특징 등을 훌륭하게 전달하는 방법을 강구해야 하며, 그 결과 클릭도 많이 일어나게 된다면 검색엔진은 가장 적합하다고 판단해 상위노출을 해주기 시작할 것입니다.

메타데이터를 넣어보자

지금부터는 컴퓨터 사이언스 관련 내용을 이야기하려 해요. 쉽게 이해가 안 되는 게 정상입니다. '그냥 이런 게 있구나' 하고 슥슥 넘어가면서 필요한 것만 취사해서 가져가도록 하십시오. 개발자한테 설명해 달라고 하면 신나서 알려줄 겁니다. 왠지 모르겠는데 개발자들 그런 거 좋아합니다.

마케터도 HTML의 간단한 구조라도 파악하고 있으면 개발자와 소통하는 것이 편리해집니다. 친한 개발자가 생기면 SEO든, 데이터든 내 업무에 대해서 적극적인 도움도 받을 수 있게 됩니다.

꼭 개발자와 친해지기 위해서만이 아니라, 구글 태그나 메타 픽셀 등 다양한 고난과 역경이 당신을 기다리고 있기 때문에 요즘 시대에는 가볍게라도 알아두면 큰 도움이 될 것입니다. 이건 장담할 수 있어요.

'웹페이지'라는 것은 HTML이라는 텍스트로 이루어져 있습니다.

이는 컴퓨터와 사람 사이를 연결해 주는 일종의 언어라고 생각하시면 되겠습니다. 우리가 페이지의 구성 요소와 간단한 로직, 그리고 시각적인 요소를 HTML로 작성하면 웹브라우저가 보기 편안한 형태로 바꿔줍니다.

우리가 접하는 수많은 서비스와 페이지가 HTML 외에도 이미지라던가 여러 요소로 이루어져 있지만, 검색엔진은 그것들을 다 따지지 않고 HTML에 들어있는 텍스트만 가지고 데이터 학습을 하는 편입니다.

HTML을 이루는 각 요소를 '태그'라고 합니다. 그래서 페이지의 성격을 알리기 위해 우리가 심는 데이터들을 '메타 태그'라고 부릅니다. 메타 태그는 어지간하면 head 태그 안에 들어가게 됩니다. 들어가는 것들은 위에서 '꽃사슴'을 검색했을 때 살펴본 구성 요소와 같습니다.

이제는 구성 요소를 하나하나 살펴봅시다.

1. Title : 페이지 제목

페이지의 제목이 없다는 것은 '이 페이지가 무슨 페이지인지 말하지 않고 있다'는 뜻이 됩니다. 현대미술관에 걸려 있는 그림 이름이 '무제'라면 이 그림을 어떻게 해석해야 하는지 참 난감해지잖아요. 검색엔진도 우리 서비스를 그런 느낌으로 받아들이고는 상단에 노출시키지 않으려 합니다.

예) <meta name="title" content="제목학원 수강증 판매 페이지">

2. Description : 설명 문구

설명이라는 한글, 한자어보다는 '디스크립션'이라는 표현을 더 많이 씁니다. 사이트를 설명하는 조금 긴 글로, 위에서 본 '곳사슴' 검색 결과의 소개 문구를 생각하시면 됩니다. 두세 줄 정도 표시가 되며, 더 짧을 수도 있습니다.

꼭 서비스 이름이 아니라 비슷한 것을 검색하기도 하므로, 관련된 키워드라던가 중심 내용이 들어가면 검색을 통해 '얻어걸리는' 경우도 생기겠죠. 이거 꽤 중요합니다.

막해팅 말고 마케팅

예) <meta name="description" content="여러분들께만 알려드리는 건데 곶사슴은 잘생겼어요. 조각미남, 꽃미남 당일배송 보장">

3. Robots : 봇 설정

앞서 검색엔진을 AI라고 표현했는데 AI라는 말이 통용되기 전에는 '봇'이라고 불렀답니다. 이 봇들이 우리 페이지를 어떻게 받아들일 것인지도 설정할 수 있어요. 페이지에 따라서 검색 결과에 표시되지 않게 해달라고도 설정할 수 있죠.

예를 들어서 상품 약관 같은 것이나 테스트용 개발 페이지가 메인에 노출되지 않길 원한다면 여기는 읽어가지 말라고 말하게 되는 것입니다.

예) <meta name="robots" content="index,follow">

여기서 index와 follow는 페이지 인식방법을 안내하는 것인데요. 검색 봇에 읽히길 원하지 않으면 'noindex', 이 페이지 안에 있는 링크를 수집하지 않겠다면 'nofollow'라고 쓰시면 됩니다. 어렵나요? 대다수의 경우 노출을 원하고 있을 테니 대충 'all'로 해주시면 됩니다.

```
<meta name="robots" content="all">
```

이렇게요. 정리하자면 이런 형태가 될 것입니다.

```
<meta name="title" content="여기에 제목">
<meta name="description" content="여기에 설명">
<meta name="robots" content="all">
```

이것들을 작성해서서 개발자에게 head 태그 안에 넣어달라고 하면 됩니다.

대충 이 정도까지만 설정해도 검색엔진은 여러분의 페이지를 읽어가며, 연관성이 높다고 판단하면 검색 결과의 상단에 노출시켜 줍니다.

그밖에도 '오픈 그래프'라는 것을 설정해 주면 우리가 카톡 같은 곳에 공유를 했을 때 표시되는 내용까지도 컨트롤할 수 있게 됩니다. 물론 검색엔진에도 잘 읽히게 되니, 위의 메타 태그를 작성하면서 같이 넣어주시는 것이 좋습니다. 실력 있는 개발자는 먼저 작성해달라고 요청하기도 한답니다.

막해팅 말고 마케팅

```
<meta property="og:url" content="페이지 주소" />

<meta property="og:type" content="website" />

<meta property="og:title" content="페이지 제목 영역" />

<meta property="og:description" content="페이지 설명 영역" />

<meta property="og:image" content="대표 이미지 주소" />
```

자세한 내용은 메타 태그와 관련된 내용을 검색해 보시거나 각 검색엔진이 제공하고 있는 참고자료를 살펴보시는 것이 좋아요. 이 책에서 모든 것을 알 수는 없으며, 하루아침에 마스터할 수 있는 지식이 아닙니다. 직접 써보고 수정해 보고 사고도 쳐봐야 본인의 실력이 됩니다!

더 궁금한 것이 많다면 이곳을 추천합니다. → [네이버 웹마스터 가이드 문서]

그래도 안 나온다면 강제로 등록시켜보기

메타 태그를 적용하고 아무리 기다려도 검색 결과가 나오지 않는다면, 검색엔진이 제공하는 웹마스터 도구에 우리 페이지를 등록하세요.

검색 포털들은 사이트의 소유주들에게 여러 세부 설정들을 제공하고 있습니다. 아래 사이트에 접속하셔서 본인이 사이트 관리 권한을 가지고 있다고 등록하고 나면, 사이트 등록이나 세부 설정도 (쉽지 않지만) 컨트롤할 수 있게 된답니다.

- 네이버 서치어드바이저
- Google Search Console

각 검색엔진별로 이 페이지의 소유주가 '나'라는 것을 증명하기 위해 지시하는 것이 있을 겁니다. 가장 쉬운 것은 head 태그에 코드를 넣는 건데요. 개발자한테 뛰어가 징징대면 금방 해줄 겁니다. 이런저런 핑계를 대면서 안 해주거나 미룬다면 개발자 취급해 주지 마세요. 솔직히 진짜 쉬운 작업입니다.

이것들을 진행하고도 제대로 검색 결과가 표시되지 않는다면, 페이지가 담고 있는 정보가 적거나 우리 페이지를 클릭하는 사람들이 없다는 뜻이기도 합니다.

그러면 인위적으로 노출시키면서 트래픽을 만드는 것부터 시작해야 합니다. 각 서비스가 팔고 있는 검색 광고를 이용해 비슷한 키워드가 나왔을 때 우리 페이지로 유입시킬 수 있도록 합시다.

막해팅 말고 마케팅

그 밖의 SEO 팁들

그밖에도 robots.txt 파일과 사이트맵을 제출하는 등 고급 기술들이 있지만, 일단 기본만 알고 넘어가도록 합시다.

이렇게 별별 짓을 다 해봐도 원하는 모양도 안 나오고, 노출도 잘 안될 때가 있습니다. 플랫폼이 내가 원하는 대로 움직여 주지 않는 것은 정말 흔한 일이며, 검색엔진이 돌아가면서 우리 콘텐츠를 읽고 지나가는 것에도 시간이 걸리기 때문에 SEO 작업을 하다 보면 진짜 속 터지는 일이 한가득일 겁니다. 그러니 평소에 조금씩 개선해 나가는 습관이 필요합니다.

콘텐츠는 텍스트 위주로

개발 인력이 없어서 레이아웃을 못 잡는다거나, 그럴듯해 보이지 않다는 생각에 페이지를 텍스트가 아닌 이미지로 가득 채우는 경우가 있습니다. 문제는 검색엔진이 로봇이기 때문에 이미지 안의 텍스트를 읽지 않는다는 겁니다.

이미지 안의 텍스트를 쉽게 읽는 기술이 있긴 하지만 세세한 사이트까지 다 컨트롤할 정도로 한가한 기술이 아닙니다.

검색엔진을 위하여, 나아가 우리 콘텐츠를 검색하는 고객을 위하여 가급적 페이지 구성은 html에 들어갈 텍스트 형태로 제공하는 것이 좋습니다.

그럼에도 불구하고 이미지와 영상 형태로 보여 주고 싶은 콘텐츠는 이미지 파일 이름에 텍스트를 넣어버리거나, 사용자들에게 보이지 않게 html 어딘가에 텍스트를 숨겨두기도 합니다.

여기저기서 인용되도록

논문을 평가할 때 'IF$^{Impact Fact}$'라는 지수를 사용합니다. 이것은 논문이 다른 논문에서 얼마나 많이 인용되었는지를 평가하는 상당히 영향력 있는 지표입니다. 숫자가 높을수록 논문의 공신력이 높다고 평가하죠. 이는 많은 사람들이 해당 논문을 상식처럼 받아들인다는 뜻입니다.

웹사이트도 비슷합니다. 여기저기서 참조가 되고 링크가 걸린다는 것은 그 페이지가 그만큼 정확하고 유익하며 공신력 있는 사이트라는 뜻이며, 검색엔진이 이 사이트를 상위에 노출시켰을 때 욕먹지 않은 결과라는 것을 보증하게 됩니다.

막해팅 말고 마케팅

즉, 신뢰의 문제죠.

　인터넷 여기저기에서 우리 사이트가 이야기된다면 검색엔진은 우리 페이지가 영향력이 있는 사이트라고 학습하게 됩니다. 그러니 각종 플랫폼, 즉 페이스북이나 유튜브, 블로그부터 우리 사이트 링크를 적극적으로 심어놓고, 다른 사이트에서 우리 사이트가 이야기될 수 있도록 널리 널리 퍼뜨립시다. 그런데 이 점을 악용하는 업체들도 있습니다. 네이버 블로그 상위노출을 시켜준다는 어둠의 바이럴 업체들은 정부 기관 같은 영향력 있는 사이트에 보이지 않게 링크를 걸어두어 해당 페이지가 공신력이 있는 것처럼 학습시키기도 합니다.

사이트 속도는 최대한 빠르게

　검색엔진에 있어 속도는 생명입니다. 데이터를 가져오는 시간이 오래 걸린다면 검색엔진은 참지 못하고 다른 곳으로 떠나버립니다. 사실 코드만 읽기 때문에 크게 영향을 받지 않기는 하지만, 속도가 느리면 사이트의 품질이 낮다고 판단해 상위노출을 꺼리는 경우도 있습니다.

　우리 서비스 페이지에 이미지나 동영상이 너무 많아 느리다면 조금 더 가볍게 만드는 작업을 진행해 봅시다.

사실 지금까지 언급한 팁들은 '그렇게 하면 좋다'라는 것이지 절대적인 평가 기준이 아닙니다. 검색엔진의 알고리즘은 매일매일 바뀌며, 이제는 어떤 기준으로 더 좋은 점수를 받는지 개발자와 담당자도 모르는 지경으로 복잡해졌습니다.

조금 어렵고 복잡하더라도, 우리 사이트가 제대로 된 노출 결과를 얻을 수 있을 때까지 메타 태그를 잘 어르고 달래며 보살펴봅시다.

☑ 이 정도만 알아가시면 충분합니다

- 검색엔진에 우리 회사/제품이 표시되려면 최적화를 해줘야 한다.
- 사람 말이 아니라 기계 언어로 말해주면 더 잘 된다.
- 메타 데이터를 넣고 포털 사이트 등록을 꼭 진행하자.

막해팅 말고 마케팅

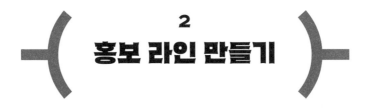

2
홍보 라인 만들기

우리 회사는 왜 기사에 안 실릴까?

뉴스에서 우리가 언급된다는 것은 그만큼 사람들이 주목하고 있다는 뜻입니다.
하지만 실려도 좋은 소식으로 실려야겠죠.
그러기 위해서는 평소에 기자들과 관계를 형성하고 소식을 꾸준히
전하고 있어야 합니다. 그리하여 보도자료를 관리하는 홍보 업무는
PR: Public Relationship, 즉슨 공적인 관계를 의미합니다.

부끄럽지만 홍보팀에서 일한 적이 있습니다.

출근한 지 이틀 만에 별다른 OT도 없이 사장님 신년사를 써보라고 하고, 제가 쓴 걸 또 그대로 적용하는 회사였는데요. 홍보팀에는 제 위로 두 명이 있었지만 어째서인지 보도자료 작성이나 배포, 대외 자료 제작 등은 제가 거의 다 하고 나중에 문제가 터지면 혼나는 식이었습니다. 왜 팀에 세 명이나 있었는지는 나도 모름.

아무튼, 입사 초반 보도자료를 배포한 뒤 기자로부터 연락

이 왔습니다. 그분은 상사들과 친하다면서 뭘 좀 물어보려고 전화를 했다는데, 공교롭게도 제가 화장실에서 영 좋지 않은 위장상태를 처리하고 있던 중이었습니다. 모르는 번호로부터 걸려온 전화길래 스팸인 줄 알고 대충 거절할 생각에 덥썩 받아버렸던 것이지요.

부끄러운 사운드를 전달드릴 수 없으니 서둘러 통화를 멈춰야 했고, 제가 지금 다른 업무 중이라 (친하다는) 그 상사분께 직접 연락을 드리면 될 것 같다고 대답하고 끊었는데, 그 사이 그 기자는 보도자료에 우리 회사의 좋지 않은 내용을 붙여서 기사를 올렸습니다.

이 사실을 알게 된 팀장이 그 기자에게 전화를 걸어 사정을 알아보니 '자신을 무시해서' 기사를 그렇게 썼으며, 기사의 특성상 수정은 불가하다며 전화를 끊었습니다. 상사들도 별로 친하진 않았던 모양입니다. 당연히 그날 저는 신명나게 깨졌고, 7~8년이 지난 지금도 그 기자를 기억하고 있습니다. (뉴시ㅇ 김ㅇㅇ 기자님 잘 지내시나요?)

그런 일이 있은 후 다른 기자와 식사를 하게 되었습니다. 당시에 '김영란법'이라고 불리는, 청탁금지법이 발현되면서 기자 한 사람당 밥값을 3만 원 이하로 제한하고, 명절 선물도 보내지 못하게 되었는데 기자분이 만나서부터 헤어질 때까지

막해팅 말고 마케팅

김영란씨 욕만 그렇게 하다가 가는 거예요. 회사나 업계에 대한 대화는 거의 안 했던 것 같아요.

듣고 있자니 기자가 아닌 입장에서 쉽게 공감이 가지 않는 내용이 많았습니다. 한 끼에 3만 원 이상인 밥을 매일 먹고 있었다는 건가, 나는 명절에 회사에서 식용유 세트 정도나 받는데 이 사람은 뭐 얼마나 대단한 걸 받고 있었던 걸까? 하는 생각이 들더군요. 저는 당시 최저시급으로 후려친 연봉을 받고 있었거든요.

그밖에도 이런저런 일로 인해 저는 기자라는 직군을 좋아할 수 없는 사람이 되었고, 다니던 회사에서는 6개월 만에 퇴사를 했으며, 그 뒤로 '홍보' 직무와는 별다른 접점 없이 살아가게 될 줄… 알았는데 마케팅 일을 하다 보니 기자들을 만나면서 밥도 먹고, 홍보 업무를 해야 하는 상황을 어쩔 수 없이 직면하고 말았습니다.

인생사 뜻한 대로 흘러가는 일 하나도 없습니다.

다행히도 지금은 기자분들을 별탈 없이 잘 만나고 다닙니다. 제가 극단적인 이야기만 해서 그렇지 기자분들 중에서는 사람 좋은 분들이 훨씬 많습니다. 기자란 기본적으로 인싸들이거든요.

보도는 왜 하는가?

왜 기업은 언론 보도가 필요하며, 그 기자는 왜 얼굴 한 번 본적 없는 사람에게 자기가 먼저 연락해 놓고는 무례하다며 빅-엿을 날릴 수 있었던 걸까요?

이를 이해하기 위해서는 먼저 언론매체가 가지고 있는 특수성을 생각할 필요가 있습니다.

'기사'라는 것은 기본적으로 '사실 전달'이라는 기본 전제를 가지고 있습니다. 때론 있지도 않은 '카더라' 통신을 진짜 있는 일인 것처럼 쓰는 일이 생기지만, 절대 다수 대부분의 기사는 사실을 기반으로, 육하원칙에 맞춰서 쓰입니다.

또한 언론 보도는 아무나 할 수 없다는 특징을 가지고 있지요. 소문을 사실처럼 쓰는 연예부 기사나 황색언론으로 분류되는 영역은 차치하고, 일반적인 기사는 국가에 등록된 언론사의 소속 기자 혹은 데스크만 기사를 올릴 수 있습니다. 사실 확인과 공신력을 가지기 위함이죠.

그렇기 때문에 기사가 난다는 것은 회사가 정말로 존재한다는 사실을 증명하는 셈이며, 그 회사의 목표와 비전을 언론이나 세상이 주목하고 있다는 '사실'을 알려주는 중요한 수단이 됩니다.

막해팅 말고 마케팅

지난 챕터에서 누군가 회사에 대해 처음 알게 되면 기업의 이름을 검색해 본다고 했는데 이때 회사가 직접 제작한 블로그나 홈페이지 게시글보다 '한 번쯤 이름은 들어본 언론사의 보도자료' 하나가 회사의 위상을 밝히는 중요한 수단이 됩니다.

그러니 기사는 좋은 내용으로 작성되어야 합니다. 처음 보는 기업의 기사를 읽었는데 '잘 성장하고 있다, 사람들이 많이 이용하고 있다'라는 내용이 나와야지, '사회적으로 문제를 일으키고 있다거나 앞날이 걱정된다'는 내용이 들어가 있으면 곤란해집니다.

그래서 홍보 업무는 주기적으로 기자분들을 만나면서 좋은 관계를 형성하고, 알려야 할 기쁜 소식이 있으면 그 사실을 알려주고, 좋지 않은 일이 있으면 그 일에 대한 해명 같은 것을 제대로 할 수 있어야 합니다.

보통 기자들은 '공신력'이라는 무기를 들고 회사를 상대로 힘을 휘두릅니다. 회사가 작고 힘이 없을수록, 그 사실을 깨닫고 좀 더 못되게 구는 분들도 생겨나는 것 같습니다. 이는 꼭 기자분들만 그런 게 아니고 회사와 이해관계가 있는 모든 사람들이 그러합니다.

그러니 더더욱 언론을 잘 활용해 대세를 내 쪽으로 끌어올 수 있도록 합시다. 세상일이라는 게 생각보다 세간의 평가나 여론에 의해 좌우되는 일이 많은데, 사람들의 생각을 은근슬쩍 바꿔놓기에 글로 된 콘텐츠, 그중에서 언론 보도만큼 강력한 툴도 없거든요.

사람들은 텍스트로 전달되는 정보에 생각보다 잘 속습니다.

기사를 올리는 가장 쉬운 방법

언론 보도가 필요하다는 사실은 모두가 알고 있지만, 어떻게 작성하고 어떻게 실어야 하는지는 잘 모르는 경우가 많습니다. 기자들에게 기사를 써달라고 해도 잘 써주지 않습니다. 그분들도 일이 차고 넘치거든요. 제가 아는 기자분은 6월에 만나서 식사를 하는데 12월까지 점심·저녁 약속이 꽉 차 있다는 이야기를 하셨습니다. 제법 인망이 높으신 분이셨는데 저도 그후 3개월을 기다려서야 겨우 만나 뵐 수 있었습니다. 영향력 있는 기자분이니 다들 만나 달라고 아우성인 상황인 것이지요.

가끔 드라마를 보면 중요한 정보를 손에 쥐고 '이 사실을 언론에 알리면 어떻게 될까?'라며 협박을 하는 사람들이 있는

데 이는 현실과 다릅니다. 언론에 알려도 뉴스로 나오지 않을 가능성이 매우 매우 높거든요. 하루에 수십 통씩 내 이야기를 좀 써달라며 메일을 받고 있는 분들이 엄청난 거물급 인물이 아니고서야 개인의 신변잡기에 얼마나 관심이 있겠습니까? 거물급 인물이라 해도 언론사가 그걸 안 막을까요?

그럼에도 불구하고 보도자료를 꼭 내야 하는 상황이 있다면 돈을 써서 기사를 올리는 방법이 있습니다. 매체를 사는 것이지요. 홍보 대행사를 쓰는 방법도 있지만, 그 비용이 생각보다 비쌉니다.

홍보 업무에 대행사를 이용할 규모와 재력을 가진 회사를 다니고 계신다면 지금까지의 제 글이 딱히 공감 가지도 않았을 겁니다. 저는 쥐어짜는 마케팅을 합니다.

다시 돌아와서, 알고 있는 기자는 없는데 빠른 시일 내에 어떤 사실을 재빠르게 전달해 포털사이트에 검색했을 때 노출이 되어야 한다면, 언론 보도 대행사(홍보 대행사와는 다릅니다)를 이용하는 것이 가장 빠르고 정확합니다.

이들과는 '어떤 매체에 내 기사를 몇 건 실어달라'라는 식으로 계약을 맺게 되는데요. 지면의 가격은 언론사의 규모나 인지도에 따라 달라집니다. 소위 '조중동'은 매우 비싸며 종합지-경제지-전문지 순서로 내려가게 되는데, 보통 패키지 형태로 판매를 합니다. 메이저 언론사에 보도를 하려면 작은 언론사에도 몇 개 실어야 하는 식이죠.

이 방식은 별다른 인맥 없이 빠르고 정확하게 뉴스를 낼 수 있다는 장점을 가집니다. 법에 위촉되거나 어지간히 이상한 정보가 아니고서야 게재가 보장됩니다. 글솜씨가 없다면 대행사에서 최대한 '뉴스-스럽게' 다듬어서 실어주기도 합니다!

하지만 해당 글을 실어주는 기자나 언론사와의 인맥이 전혀 생성되지 않기 때문에 개인의 성장이나 관계성을 놓고 보자면 그렇게 이득이 되는 방법은 아닙니다. 어쩌다 한두 개신는 정도라면 효율적일지 모르겠지만, 지속적으로 보도자료를 내보낸다면 매번 비용을 지불해야 하거든요.

한 번 게재할 때 여러 매체에 동시에 업로드되기 때문에 효율성도 좋지 않습니다. 다양한 매체에서 실어주니 이보다 좋은 광고 효과가 어디 있겠냐 싶으시겠지만, 이렇게 배포되면 포털 사이트 검색 결과의 여러 칸을 차지하는 것이 아니라 하나로 묶여서 표시가 됩니다. 운이 나쁠 경우, 분명 메이저 매체에도 실렸는데 전문지가 대표로 올라오기도 합니다. 가성비가 영 좋지 않습니다.

다시 말씀드리지만 돈 내고 매체를 사는 것은 정말 가~끔

막해팅 말고 마케팅

보도자료를 내보내야 한다거나, 언론 보도를 아주 처음 시작할 때 이용하시기를 추천드립니다.

차라리 그 비용으로 기자분들과 맛있는 식사를 함께 나누며 친분을 쌓는 것이 회사나 기자나 무엇보다 여러분에게 행복한 길입니다.

기자를 만나자!

좋은 사수를 만났거나 홍보팀을 가지고 있는 경우라면 이미 기자들과 관계가 형성되어 있을 가능성이 높습니다. 그러나 아주 새로운 분야에서 업무를 시작해야 하는 경우, 회사에서 홍보 업무를 해본 적이 없다면 관계 형성이라는 것을 처음부터 시작해야 합니다. 당연히 쉽지 않습니다.

먼저 우리 업계와 관련된 기사를 쓰고 계신 기자분을 찾아봅시다.

포털 사이트에서 내가 몸 담고 있는 업계나 경쟁사를 검색해 관련된 기사를 작성하고 계신 기자분들을 나열해 봅니다. 기자분의 이름이나 이메일이 그대로 실려 있는 기사도 있고, 이름만 있는 기사도 있고, 기자 이름조차 없는 기사도 있을 거예요.

언론사는 '데스크'라고 불리는 직군이 있는데요. 기자들이 만드는 기사를 검수하거나 방향을 결정하는 역할을 합니다. 회사로 치면 중간 관리, 검수 조직 같은 것이라고 생각하시면 되겠습니다. 아무튼, 앞서 말씀드린 언론 보도 대행사를 거치게 되면 기자가 아니라 데스크를 통해 기사가 실리게 되고, 그럴 경우 기자가 없는 뉴스가 나오게 됩니다.

그러니 뉴스를 볼 때 이름이 실린 기사 위주로 스크랩을 하면서 진행을 하면 좋습니다. 메일 주소가 없다면 언론사+기자분 성함으로 검색해 보세요. 민망할 정도로 금방 나옵니다. 요즘 시대에 개인정보는 공공재니까요.

이렇게 추려진 분들께 우리 회사를 소개하는 자료들과 보도자료 안건을 전달해 봅시다.

문제는 기자분들은 이런 종류의 메일을 하루에 수십 통씩 받고 계신다는 겁니다. 그러니 어지간하면 답변도 안 해주십니다. 어중간한 메일은 그분들의 눈에 들어오지도 않습니다.

그러니 메일을 보낼 때는 항상 받는 사람의 입장이 되어 생각해 보는 것이 좋습니다. 스팸메일인지 진짜 중요한 용건이 있는지 분간이 되어야 하는 것이죠.

막해팅 말고 마케팅

어느 기자분께서는 당신께서 메일을 다 읽어보기는 한다고 하시면서(거짓말 같은데), 보도자료가 실릴 가능성이 높아지는 몇가지 방법들을 알려주셨습니다.

- 그래도 얼굴 한 번 본 사람 글이라면 한 번 더 본다.
- 나(정확히는 기자가 평소에 쓰는 글)에 대해 잘 알고 있는 느낌이라면 호감이 간다.
- 내 관심사에 맞는 주제다.
- 안 눌러보기 힘든 자극적인 타이틀로 메일을 보냈다.

이렇게 따져 보니 기자분도 일종의 소비자라고 볼 수 있겠네요. 내 관심사에 맞아야 하고, 특히 상대에 관해 관심이 있다는 뉘앙스를 풍겨야 호감을 살 수 있습니다. 기자분께 메일을 보내는 것도 일종의 '메시지 마케팅'입니다.

이런 식으로 계속 메일을 보내다 보면 한 번쯤은 실어주시는데요. 그럴 때를 놓치지 않고 '실어주셔서 감사하다, 항상 기자님 뉴스 잘 보고 있다'면서 밥 한 끼 먹기를 종용합시다.

경험해 본 결과, 기자분들 대부분은 MBTI 앞자리가 'E'인 분들이 많습니다. I는 오래 못 견디고 나간다고 합니다. 사람들 만나는 거 좋아하고 이를 직업으로 삼은 사람들이기 때문에 대부분 흔쾌히 만나 주십니다! 문제는 제가 극단적인 I라는 것뿐.

대문자 I일지라도 뼈를 깎는 노력으로 사회화가 되어봅시다. 만나서 친해지면 좋고, 적당한 관계를 유지하면서 안부를 주고받는 사이가 되면 분명히 상호 이득을 보는 날이 옵니다. 업계의 몰랐던 정보를 물어다 주실 때도 있고, 뭔가 문제가 있을 때 다른 곳은 어떻게 하더라는 내용을 알려주시기도 한답니다.

약속이 잡혔다면 우리는 맛있는 밥을 사드려야 합니다. 당연히 회삿돈으로.

항상 맛집 리스트를 최신화하세요. 인당 3만 원 아래로도 맛있는 한 끼에 커피까지 충분히 먹을 수 있어요. 물론 물가가 계속 올라서 점점 힘들어지긴 합니다만.

이런 일련의 이유로 언론홍보업무를 영어로 'PR Public Relationship'이라고 부릅니다. 공적인 관계, 기자와 회사의 공공연한 관계를 만들어 언론 보도뿐만 아니라 다양한 정보를 주고받는 것이 궁극적인 목표가 되는 겁니다. 뉴스에 실리는 것만이 PR의 목표가 아니랍니다.

보도자료 뿌리기

이제 안면을 튼 기자가 생겼다면, 혹은 아직 없더라도 '프레스킷'이라는 회사 소개자료가 필요합니다. 이는 회사나 제품에 대한 간단한 소개와 더 알고 싶을 때 볼 수 있는 심도 있는 자료들, 그리고 회사에 대한 기사를 쓸 때 이용할 수 있는 로고나 이미지 등을 모아놓는 파일인데요. 이 파일이 예쁘게 정리되어 있는 것만으로도 기자분들에게 점수를 딸 수 있습니다.

프레스킷과 관련된 정보나 예시는 쉽게 찾을 수 있으니 필요하다면 검색해 봅시다.

아무리 예쁘게 정리가 되어 있다고 해도 프레스킷만 덩그러니 보낼 수는 없습니다. 뉴스로 나갔으면 하는 내용을 보도자료로 정리해서 보내드려야겠죠. 기자분들이 거의 손댈 일 없이 완전한 보도자료를 작성해서 보내드릴수록 기사화될 확률도 높아집니다. 우리가 너무나도 잘 알고 있는 우리 회사를 소개하는 일도 귀찮은데, 그분들은 생판 모르는 남의 회사를 알려야 하니 더 귀찮을 겁니다.

그리하여 보도자료에는 이런 내용들이 실립니다.

- 어떠어떠한 일이 있다.
- 이 일을 벌인 ○○회사는 이러이러한 회사다.
- 이 일로 어떠한 사회적인 영향이 있을 예정이다.
- 회사에는 '어떤 기회'가 생길 것으로 추정된다.
- 이 일에 대한 사람들의 반응은 어떠하다.
- 관련자도 기대가 크다고 한다.

대부분의 보도자료는 이런 순서로 작성되며, 안건이나 시안에 따라 살이 더 붙거나 빠지기도 합니다.

글을 쓸 때는 중요한 내용 순서로 언급하는 것이 좋습니다. 두괄식으로 글을 작성해야 읽는 사람이 정보를 받아들이기 쉽고, 길이가 너무 길거나 문장이 매끄럽지 않을 때 뒤에서부터 글을 자르며 편집하기가 더 쉽습니다.

전문 분야일수록 주석도 잘 달아서 보내 주어야 합니다. 기술이나 업계 관련 용어들의 경우, 내부 사람들은 정말 아무렇지 않게 써서 세상 사람들이 다 그 용어를 알고 있다고 생각하지만, 현업인이 아닌 기자분들은 이해를 하지 못하는 경우가 왕왕 있습니다.

솔직히 지금 이 책에 쓰인 단어도 모르는 것들이 많을 겁니

기자님!!

제발 메일 한 번만
읽어 주세요!!

기자 전용석

다. ROI라던가 USP라던가 하는 용어들 말이죠. 업계에 처음 입문한 사람도 아리송한 단어인데 업계와 전혀 무관한 기자들은 오죽할까요?

역지사지의 마음으로

기자분을 대할 때는 항상 입장을 바꿔서 생각하면서 콘텐츠를 전달하도록 합시다.

그분들도 모르는, 심지어 관심조차 없는 것을 검색해 가며 읽어보기는 정말 번거로울 겁니다. 게다가 흥미로운 타이틀을 가지고 있지 않은 소식에는 당최 관심이 생기지 않겠지요. 우리도 그러하듯.

모르는 사람에게서 연락이 올 때 반가운 마음보다는 경계하는 마음이 더 큰 건 당연한 겁니다. 조금 더 따뜻하게, 상대방이 내가 왜 연락을 했는지 바로 알 수 있도록 메시지를 다듬는 노력도 필요합니다.

그런 식으로 좋은 인상을 주기 위해 노력하다 보면 기자분들이 더 심층적인 기사를 써주십니다. 그러니 서로서로 좋은 관계를 만들어 지속적으로 긍정적인 보도가 올라갈 수 있도록 합시다.

3
광고의 목적
정의하기

중요한 것에 집중하세요

광고는 신나는 돈쓰기가 아닙니다.
뭔가 메시지를 남겨야 하는 행위죠.
그렇다면 그 메시지에는 어떤 것이 담겨야 할까요?
광고를 만들기 전에 모두가 공감할 만한
주제, 테마를 만드는 작업부터 시작해야 합니다.

저의 첫 커리어는 광고대행사의 카피라이터였습니다.

어머니께 아들이 광고회사에 취직했노라고 말씀드리니 아들이 동네 조그만 간판 가게에 취직한 것이 아닌가 걱정하셨다고 합니다.

'광고회사'라고는 하는데 회사 이름은 들어본 적도 없고, 동네를 돌아다니면 간판 가게에 'OO광고'라고 쓰여 있는 것이 보였기 때문이죠. 저는 간판 가게도 재미있을 것 같긴 한데요….

막해팅 말고 마케팅

아무튼 취직을 한 이후, 그리고 다른 곳에서 마케팅을 할 때에도 제가 다녔던 광고회사가 어떤 성격의 회사인지를 설명해야 하는 상황은 꽤 빈번하게 일어났습니다.

광고 콘텐츠를 만드는 회사만 해도 종류가 다양합니다. 퍼포먼스 마케팅을 중심으로 하는 온라인 광고대행사도 있으며, 매체만 관리하고 판매하는 미디어랩사 등등 광고회사라는 이름을 달고 있는 회사의 종류가 너무나도 많으며, 업계의 사람이 아니라면 그들을 제대로 구분하기 힘듭니다.

이렇게 광고는 복잡하고 다양합니다. 어머니께서 생각하신 간판 역시 지나가는 사람들에게 인식시키고 소비를 불러일으킨다는 점에서 유용한 광고라고 할 수 있습니다. 횡단보도 앞에서 신호등을 기다리는 사람들에게 나누어주는 전단지도 광고이며, 천문학적인 돈을 뿌리며 진행하는 TV 광고와 옥외광고, 온라인 광고까지, 제품과 서비스를 홍보하는 모든 활동이 '광고'입니다.

갈수록 기묘해지는 광고

SNS의 등장은 광고계의 흐름을 완전히 바꾸어버렸습니다. 이전까지의 광고는 어떤 매체가 있으면 그 매체의 지면을 사서 광고를 싣는 형태였지만, SNS는 정말 '개나 소나' 광고를 할 수 있는 환경을 만들었습니다.

제가 광고회사를 다닐 때에는 페이스북에 비즈니스 계정이라는 개념조차 없던 때였어요. 그래서 선배들은 '우리 회사는 TVC(공중파 TV에 나오는 광고)를 하는 회사다'라는 것에 자부심을 가져야 한다고 이야기했습니다. 모름지기 광고인이라면 라디오와 신문 같은 4대 매체에 들어가는 광고를 해야 큰물에서 노는 광고인이라는 이야기를 하던 곳이었습니다.

그런데 이런 흐름이 스마트폰이 나오고, SNS의 영향력이 점점 커지면서 뿌리부터 흔들리기 시작했습니다. 사람들은 TV보다 스마트폰을 더 많이 들여다보기 시작했고, 그중 페이스북은 강력한 개인화 기능으로 온라인 광고가 더 효과적이라는 사실을 입증했습니다. 신문이 그러했듯, TV 또한 광고주에게 매력적인 카드가 아닌 게 되어버린 거예요.

국내 대형 광고사인 TBWA의 저명한 광고인, 박웅현님은

막해팅 말고 마케팅

치킨 브랜드 광고를 준비하고 있었는데, 경쟁사에서 불과 며칠 전에 있었던 이슈를 패러디한 광고가 페북으로 뜨는 것을 보고 이제 광고판이 체계와 절차를 거쳐서 만드는 것이 아니라, 해적처럼 '먼저 선점하는 사람이 갖는 세계'가 되어버렸다는 것을 느꼈다고 합니다.

이는 꼭 온라인 매체만 해당하는 상황이 아닙니다. 배달의민족은 고전적인 광고지면이나 지하철의 광고 전광판, 잡지지면을 활용해 자기 브랜드를 알리지 않았습니다. 오로지 멘트 하나만 남기는 식으로 광고 스타일을 획기적으로 변화시켰습니다. 예를 들어 시사 잡지에는 '짬짜면으로 단일화!'와 같은 메시지만 써서 내보냈는데요. 흰 바탕에 배민 특유의 글씨체를 쓰니 사람들은 굳이 '배민'을 드러내지 않아도 모두들 '배달의 민족' 광고라는 것을 눈치챘습니다. 메시지도 어찌되었든 외식 메뉴를 떠올리게 하구요.

마케터가 극한직업으로 떠오르는 순간들이었습니다. 세상은 마케터에게 신중하게 데이터를 분석해 전략을 짜는 동시에, 번뜩이는 아이디어를 앞뒤 재지 않고 빠르게 행동으로 옮기라는, 도저히 양립하기 힘든 가치를 한 번에 요구하기 시작했습니다. 어쩌라는 거야….

빠른 게 꼭 좋지는 않아요

이렇게 빠르게 광고를 송출하고 결과를 수집하는 기술이 시대의 흐름으로 자리 잡게 되자 그전까지는 사람들이 몰랐던 부작용이 나오기 시작합니다. 제품과 브랜드가 제대로 연결되지 않기 시작한 것이죠.

광고인들은 소위 '바이럴 마케팅'이라는, 대책 없이 웃기거나 특이한 영상을 만들어 배포하는 것에 혈안이 되어버렸습니다. 성공한 광고 캠페인의 좋았던 부분 중에서 오로지 '웃기는 포인트'만을 핵심으로 잡아 버린 겁니다.

웃기는 영상이라고 너도나도 공유를 하는데, 이 광고는 도대체 무엇을 이야기하고 싶은 것인지 설명이 안 되는 광고들, 그중에서도 특히 게임 광고들이 유독 심했는데요. 유명 연예인이 나와 춤을 추면서 게임 제목만 언급하고 게임 화면이나 게임의 콘셉트, 일러스트조차 공개하지 않는, 뭐 그런 것들이 유행하던 시절이 있었습니다. 지금도 없지는 않습니다만.

일반적으로 광고를 한다고 하면 '우리 제품을 통해 무엇을 얻을 수 있는가'를 생각할 수 있어야 하건만, 빠르고 자극적인 것으로 주목을 받으려 하니 제품이 뭔지도 모르겠는 광고가 양산되는 겁니다. "하지만 빨랐죠."라고 이야기해 봐야 제품

은 인식되지 않은 채 이미 쏟아부은 제작비와 광고비가 불타 사라졌습니다.

속도도 중요한 시대라지만, 나 하나만이라도 이 광고를 왜 하고 있는지를 생각해 봐야 합니다.

우선 중심 메시지부터 생각합시다

이렇게 광고가 다양하고 복잡하며 바라는 것도 많아졌지만 광고의 특성은 TVC를 기획하던 시절과 크게 달라지지 않았습니다. 광고회사는 주로 기획팀과 제작팀으로 나누어져서 각각 매체나 광고전략, 콘텐츠 소재를 담당하게 되는데요. 이들이 고민하는 것들은 주로 다음과 같습니다.

기획팀 : 광고주가 원하는 '방향'을 생각합니다. 지금 광고주와 제품이 어떤 상황에 처했으며, 어떤 타깃에게 어필하고 싶은지, 어떤 분위기를 주고 싶으며 무엇을 벤치마킹하고 싶은지 등을 고민합니다.

제작팀 : 기획팀이 모아온 정보와 방향성을 바탕으로 가장 임팩트를 크게 줄 수 있는 결과물을 생각합니다. 꼭 아름다운 것만 만들지는 않

아요. 가장 효과적인 길을 찾습니다.

결과적으로 광고의 본질은 '고객에게 우리의 존재를 알리고 인식시키는 것'이며, 그것을 어떤 방법으로, 어떤 루트로 제작할 것인지 고민하는 작업이라고 할 수 있겠습니다. 일단 세상에 이러이러한 기업, 제품이 있다는 걸 알려야 소비자가 구매를 하든지 말든지 하겠지요.

이 절차를 제대로 거치지 않는다면 대부분의 광고가 공허해집니다. 특히 카피 부분에서 그렇습니다. 사람들은 할 말이 없으면 욕…을 하는 게 아니라 그럴싸한 미사여구를 죄다 가져다 붙이기 마련입니다.

볼펜을 팔아야 한다고 가정해 봅시다. 기획을 거치지 않아 제품에 대해 말하고자 하는 포인트가 잘 정립되지 않았다면, 이 볼펜을 설명하기 위한 장치가 없어 상당히 붕 뜬 어휘를 사용하게 됩니다. 바로 이렇게 말이죠.

"고급스러운 소재를 사용해 높은 필기감을 제공합니다"

높은 필기감이 뭘까요? 산꼭대기에서 쓰는 볼펜을 말하는 것일까요? 이런 식으로 어떻게든 좋아 보이는 문구를 넣다 보면 고객이 제품에 대해 제대로 된 인식을 할 수가 없으며, 다른 제품에 비해 무엇이 좋은지를 정확하게 받아들이지 못합니다.

이런 사태를 막기 위해 제품이나 서비스의 특장점을 미리 합의해놓는데, 이를 업계에서는 'USP^{Unique Selling Point}'라고 부릅니다. 풀어 말해 '나만의 독특한 장점'이라고 이해하면 되겠습니다.

USP를 일상생활로 가져와서, 연애 같은 것에 대입하면 이해와 적용이 빨라집니다.

사람이라면 누구나 나의 연인이 외모든 재산이든 뭔가 특별한 것이 있길 바랍니다. 하지만 우리는 예쁘고 잘나지 않았으니 와중에 조금이라도 특별하다고 생각되는 뭔가를 갈고 닦아 열심히 어필해야 합니다. 없다면 만들어야죠. 옷을 사 입는다거나 다이어트를 한다거나 피나는 노력을 해야 이성을 만날 '실낱같은 기회'가 주어집니다.

물건이나 서비스도 똑같습니다. 그냥 멀뚱히 세워놓으면 사람들은 예쁘고 잘난 것을 바라보느라 우리를 바라봐 주지 않습니다. 특별한 어떤 것을 제공할 수 있는지 고민하고, 그 매력을 공허한 미사여구가 아닌 확실한 어휘로 정확히 짚어 주어야 합니다.

막해팅 말고 마케팅

지금 당장 광고를 만들어야 한다고요? 일단 USP부터 확실하게 정하고 시작하세요.

그럼 전략도, 크리에이티브도, 무엇보다 설득이 쉬워집니다.

USP를 정하는 방법

그런데 사실, USP라는 것이 언제나 명확하게 결정되지는 않습니다.

부동의 업계 1위가 존재한다면 내가 장점이라고 이야기하는 것이 씨알도 안 먹힐 수도 있으며, 우리 생각에는 대단한 장점이라고 이야기했는데 고객이 시큰둥하게 받아들이는 경우도 많습니다.

보통 제품 개발단계에서 USP라는 것이 만들어지긴 합니다만, 팔기 좋은 형태로 설명해 주는 것이 아니라 '일단 만들었으니까 팔아줘' 수준일 때가 훨씬 많습니다. 그럴 때에는 마케터가 억지로 USP를 만들거나 포지션을 가져다 놓는 활동을 해줘야 합니다.

이 분야에서 가장 앞서나가며, 배울 것이 많은 곳은 중상모략이 횡행하는 선거판입니다.

미국 대통령들의 슬로건들 중에서 제법 유명한 것은 빌 클린턴의 '문제는 경제야, 바보야'가 있는데요. 빌 클린턴이 당선되던 시기, 90년대 초에는 구소련의 붕괴 영향으로 '미국의 적'이 사라지면서 예전처럼 반공을 외치는 것이 잘 먹히지 않았습니다. 게다가 심각한 인플레이션으로 민심이 흉흉하던 시기였습니다.

이에 클린턴 진영은 미래를 이야기할 때 뜬구름 잡는 소리가 아니라 국민들이 듣고 싶어하는 것, 잘 먹고 잘 살기 위한 '경제'를 가장 잘 인식되도록 약간의 비속어까지 사용한 슬로건을 만들었습니다.

'문제는 경제야, 바보야
It's the economy, stupid'

대통령이든 정치인이든, 선거를 할 때에는 나의 삶이 나아지길 바라는 마음이 담깁니다. 그리고 경제가 탄탄해야 나의 삶의 기반도 일어설 수 있다는 간단한 이치를 우리는 모두 잘 알고 있습니다. 그런 의미에서 클린턴은 기가 막힌 슬로건으로 선거에 참여하는 사람들의 동의를 얻어내는 데 성공했고, 당시 경쟁상대였던 부시를 저지하는 데 성공합니다.

막해팅 말고 마케팅

그리고 국내에서는 비슷한 슬로건인 "경제를 살립시다!"를 내건 김대중 전 대통령이 당선됩니다.

시대에 따라 다르겠지만 선거라는 세계에서 대중에게는 '경제'라는 USP가 잘 먹히는 모양입니다. 요즘도 대통령이나 국회의원을 뽑을 때도 '경제' 키워드가 들어가면 인기를 끕니다. 다들 부자가 되고 싶은 게야….

사실 경제는 살리고 싶다고 살아나는 것이 아니고, 다 잘하다가도 이상한 일로 와르르 무너지기도 하잖아요. 현실적으로 불가능에 가까울지언정 그러겠노라고 공표하는 것 또한 USP가 될 수 있다는 사실을 기억합시다.

어떻게든 고객의 마음에 들게, 그러나 대놓고 거짓말은 하지 않는 것이 목표가 되어야 합니다.

마케터 맘대로 할 수 있는 영역

광고가 소셜의 영역으로 넘어가면서 마케터가 먹고 사는 일이 너무나도 힘들어졌지만, 그에 비해 재량권도 상당히 높아졌습니다. 이전까지의 광고는 실리기 전에 광고주의 팀장-임원-대표의 승인까지 받아야 했는데, 이제는 마케터가 쓱 만들어서 올려보고 아니다 싶으면 바로 회수할 수 있게 되었습니다.

하지만 그러기 위해서는 논리적인 이유와 설계, 실행과 성과 측정이 반드시 필요합니다. 앞서 말한 USP를 예쁘게 만들어 내·외부 고객에서 잘 팔아서 든든한 지원을 얻어내시길 바랍니다.

☑ 이 정도만 알아가시면 충분합니다

- 광고는 기획-제작의 절차를 거치게 된다.
- 제작이 쉬워지고 매체 접근성도 높아져서 마케터 혼자 다 하게 되었다.
- 광고하기 전에 USP 설정이 안 되어 있다면 산으로 가게 된다.
- 잘 정리한 뒤 광고를 시작하도록 하자.

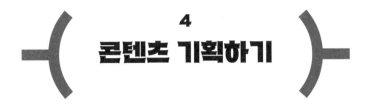

4
콘텐츠 기획하기

사람들이 볼만한 광고 콘텐츠 만들기

콘텐츠 만드는 일은 어렵습니다.
하얀 도화지를 펼쳐놓고 뭐부터 그려야 할지
모르겠는 감정과 비슷한 일이죠.
콘텐츠를 만들 때는 어떤 논리구조와 절차를 거쳐서 만들까요?

사람들은 항상 예쁘고 재미있는 것을 보고 싶어 합니다. 별로 인생에 도움이 되지도 않는 숏츠나 릴스 같은 것을 보면서 시간을 낭비하고 있지만, 그 허무한 시간도 아껴야겠다는 생각에 그중에서도 재미없어 보이는 것은 척수반사처럼 피하고 있습니다.

문제는 '예쁘고 재미있다'라는 기준이 사람마다 다르다는 겁니다. 나는 호흡곤란이 올 정도로 웃긴 것을 발견해서 친구들에게 보여줬는데 '이게… 웃겨?' 같은 반응을 받는 경우가 있잖아요. 저는 유독 그런 비율이 높긴 합니다….

특히 광고라는 콘텐츠를 만들 때 그 문제는 도드라집니다. 광고 하나를 만들 때는 수많은 이해당사자가 얽히기 마련이거든요. 광고비를 투자하는 경영진, 광고비를 지출하는 광고주, 콘텐츠를 만드는 사람과 고객들 등 수많은 인원이 참여하는데 모두가 같은 감동, 웃음 코드를 가질 수는 없을 거예요.

저는 광고 대행사 일을 할 때 그것을 뼈저리게 느끼는 경우가 많았습니다.

기획이나 제작을 할 때 팀원 모두가 너무 즐거웠고, 광고주 마케팅팀도 너무 웃겨서 의자 뒤로 넘어갈 정도의 아이디어를 신나서 상부에 들고 갔는데, 상무라는 사람이 기획안 커버에 있는 예상 모델만 보고는 '난 애 싫어!'라는 한마디와 함께 회의실을 뛰쳐나가 프로젝트 자체가 엎어지기도 했습니다.

혹은 윗선까지 모두 설득하고 매니지먼트사를 통해 일정이나 비용까지 확인받았는데, 광고모델 본인이 싫다고 뻗대서 어그러진 경우도 있었죠. 그런 일들이 없었으면 저는 아직 광고대행사에 다니고 있었을지도 모릅니다.

꼭 제작 부분이 아니더라도 메시지에서도 문제가 생깁니다. 광고주는 하고 싶은 말이 많아서 자꾸 뭘 더 추가해달라고 요청해오고, 고객들은 구구절절 설명하는 광고를 슬금슬

막해팅 말고 마케팅

금 피하고…. 두 입장 사이를 조율하기란 쉬운 일이 아닙니다.

모든 콘텐츠에는 테마와 방향이 있다

광고도 하나의 콘텐츠입니다. 앞선 장에서 이야기한 USP를 절묘하게 살려서 고객에게 확실하게 각인시키는 역할을 하죠. 일단 USP가 확정되고 이해당사자의 합의를 얻은 뒤라면 어떻게 이야기할 것인지 고민을 시작해야 합니다.

일단 만들기 전에 테마부터 생각을 해야 합니다. 다른 말로 콘셉트라고도 할 수 있겠네요.

'TPO'라는 개념이 있습니다. 'Time, Place, Occasion'의 줄임말로, 일본 패션계에서 옷을 이상하게 입고 다니지 말고 좀 시의적절하게 입고 다니자고 만든 용어입니다. 첫 등장이 패션잡지인 만큼 패션피플들의 어휘이건만 마케팅 사람들이 마음에 들어 (원래 뜻과는 다르게) 수입한 말입니다. 마케터들은 영어 줄임말을 상당히 좋아합니다.

아무튼, '테마'라는 것에도 TPO가 필요합니다. 시의적절해야 한다는 것이지요.

TPO가 잘 맞지 않는 광고로는 지하철 출구에서 뿌리는 각종 전단지가 있습니다. 목적지까지 빨리 가느라 바빠 죽겠는데 괜히 사람 미안하게 관심도 없는 지방의 주택분양 광고를 디밀면 짜증부터 나죠. 너무 뜬금없는 상황에 관심도 없는 정보가 들어오기 때문입니다. 광고주 입장에서는 뭐라도 해야한다는 위기감에 하는 광고의 형태지만, TPO가 맞지 않으니 돈과 시간을 쓰면서 고객에겐 부정적인 감정을 주는 광고 형태이기에 좋은 결과를 내기 어렵습니다.

콘텐츠든, 광고 형태든 콘셉트와 주제를 확실하게 잡고 들어간다면 '뭐라도 해야 해서 하는 이상한 광고'를 줄일 수 있습니다.

테마를 결정할 때에는 어떤 요소를 끌어와 어떤 메시지로 전달할지를 생각합니다.

어느 시대든 유행하는 것이 있습니다. 모두가 고민하고 공감하는 보편적인 문제도 있죠. 광고는 가급적 이것들과 연결고리를 만들어서 이야기해야 효과가 좋습니다.

〈무한도전〉은 한 시대를 풍미했던 예능프로그램입니다. 온갖 사회적인 현상과 유행을 만들어냈던 프로그램인데요. 〈무한도전〉이 한참 흥하던 시절의 광고인은 강제로 〈무한도전〉을 시청해야 했습니다. 거기서 나온 게스트나 유행어, 화제가 된 장면을 빨리 광고로 만들어야 했거든요.

광고의 콘셉트를 잡는 활동이 이런 식입니다. 세상 돌아가는 일에 늘 촉각을 세우고, 요즘 사람들이 좋아하는 것이 뭔지 파악하고 어떤 것이든 잡아서 엮어야 하죠.

만약 환경을 생각한 제품이라면 최근 들어 심각해지는 기상이변을 끌어와 공감을 사려 할 것입니다. 환경운동에 진심인 셀럽을 데려와 해당 셀럽을 지지하는 사람들을 고객으로 끌어올 수도 있겠죠. 예를 들어, 이런 구상이 이어집니다.

안건 : 환경을 생각한 제품 특징을 메인테마로 가져가 보자

→ 환경 운동가 ○○를 모델로 데려와 이미지 메이킹에 활용하는 것은 어떨까?

→ 지구의 온난화가 심해지니까 '지구 온도 0.1도 낮추기 실천!'과 같은 메시지를 써보는 것은 어떨까?

이와 같은 논의를 하면서 테마를 결정하는 것이지요. 뭐가 많이 생략된 것 같지만 짧게 설명하자면 그러합니다. 더 다양하고 복잡한 논리 구조가 만들어지겠지만, 결과적으로 한 문장 안에 우리가 담고자 하는 메시지와 나아갈 길이 담겨있어야 합니다.

막해팅 말고 마케팅

기억하세요.

용건만 간단히.

광고가 만들어지는 과정

테마가 정해졌다면 이를 어떤 채널로 내보낼지에 대한 고민도 선행되어야 합니다. 어울리지 않거나 타깃이 없는 곳에서 이야기를 하는 것은 낭비이기 때문이죠.

지하철에서 나눠주는 전단지가 비효율적으로 보이는 것은 타깃이 너무 불분명하기 때문입니다. 이 동네에 거주하는 사람인지, 밥 먹으러 가는 사람인지, 오늘 하루만 미팅하러 놀러 온 사람인지 알 수가 없잖아요.

모든 채널에는 특징이 있습니다. 모여 있는 연령대나 관심사도 각기 다르죠. 3040을 위한, 비교적 중후한 제품을 틱톡에서 춤추면서 어필해 봐야 좋은 성과로 이어지기는 힘들 겁니다.

광고가 어떤 채널에서 어떻게 보일지 결정되었다면 이제 카피를 작성하도록 합시다. 아무도 텍스트를 읽지 않는 시대가 되었다지만 우리나라의 문맹률은 매우 낮은 편입니다. 다들 글은 잘 읽습니다. 긴 글을 읽고 의미를 해석하는 능력이

퇴화하고 있을 뿐이죠. 그럼에도 불구하고, 여전히 텍스트의 힘은 강력합니다.

제가 카피라이터 출신이라 그렇게 생각하는 것일 수도 있는데요. 카피가 강력하다면 이미지가 약해도 메시지 전달이 잘 되고, 디자이너들도 어떤 이미지를 활용하면 좋을지 빠르게 감을 잡을 수 있어요. 급하다고 아무 문장이나 써서 내보내지 말고 똑같은 문장도 여러 번 고쳐 쓰면서 가장 매혹적인 상태가 무엇인지, 소리 내서 읽었을 때 어떤 느낌인지 등등을 생각하면서 텍스트를 주물러 봅시다.

카피를 중심으로 광고가 만들어지는 과정을 예시를 통해 설명해 보겠습니다.

[롯데칠성음료 레쓰비 광고]

막해팅 말고 마케팅

1999년 세기말, 이 광고가 출시되었을 때는 별 반응을 받지 못하고 조용히 지나갔지만, '이 세상 커피가 아니다'라는 문장은 21세기에 발굴되어 여러 가지 패러디를 남기고 있습니다. '이 세상 ○○이 아니다', 또는 '저세상 ○○'처럼 인류가 지금 시대에 받아들이기 힘든 어떤 것을 발견했을 때 인용되는 문구입니다. 제품 판매와 별도로 오랜 시간이 지났음에도 다시 소환될 수 있다는 점에서 성공한 카피가 아닐까요.

광고를 다시 살펴보죠. 왜 이런 광고가 나오게 되었을지 역추적해 봅시다.

제작진들은 기존의 커피 팩과 다르게 생긴 제품을 들고 여러 가지 생각을 했을 거예요. 해당 제품은 기존의 캔커피나 직육면체의 팩이 아니라 '팔면각체'이며, 광고주는 이 특이한 모양이 USP라며 꼭 어필해달라고 요청했을 겁니다. 어쨌든 특이하니까요. 그 특이함, '다르다'는 것을 어떻게 표현할지 고민하다가 '그동안 우리네 세상에서 만나본 적 없는 특이한 형태의 편의점 커피' 같은 테마를 잡고, 다듬고 다듬어서 '이 세상 커피가 아니다'라는 메인 카피로 진화했을 겁니다.

카피가 정해졌으니 이미지를 생각해 봅시다. '다르다'라는 것에 집중하면서 '조금 불편해서 시선에 걸리는, 그런데 신비로운 느낌을 주는' 이미지를 찾았을 텐데, 그래서 세기말에 유행하던 CG틱한 이미지, '제5원소' 같은 느낌을 넣은 듯합니다. 민속놀이 스타크래프트 아트 같기도 하고요.

결과적으로 이 광고는 다음과 같은 테마를 잡고 제작되었습니다.

메인 카피 : '이 세상 커피가 아니다'

아트 : 미래지향적인 하이패션의 모델 + CG배경

하지만 이렇게 두 개의 요소만 있다면 아무리 제품 이미지가 선명해도 뭔지 모르니 더 많은 정보를 주어야 합니다. 그래서 메인 카피 밑에 서브 카피를 넣어 크리에이티브에 대한 설명을 더 합니다.

서브 카피는 주로 메인 카피나 이미지의 논리를 설명해 주고, 광고에 관심을 가진 사람들에게 조금 더 친절하게 보충해 주는 역할을 하는데요. 시선을 끄는 용도가 아니라 설명하는 용도이기 때문에 메인 카피보다 작은 사이즈로 표시됩니다.

이 이미지에서는 '지금까지 세상에 있던 커피는 모두 잊어버려!'부터 마지막까지 이어지는 '팔면각체의 몸을 빌어 되살아났다!'까지가 서브 카피에 해당합니다.

광고가 시선을 잡는 것에 성공해 이를 유심히 본 사람이 있다면 '아하, 팔면각체 패키지라니 특이하군'이라는 생각을 할 것이고, 편의점에 커피를 사러 갔을 때 팔면각체 커피가 도대체 뭔지 들여다볼 생각은 할 겁니다. 고객의 잠재의식에 팔면각체를 스윽 넣은 것이지요.

뭔가 정신 사나운 예시였지만 정리하자면, 광고에는 이런 요소들이 담기게 됩니다.

메인 카피 : 크게, 눈에 탁 걸리게

이미지 : 시선을 끌되 불편하지는 않게

서브 카피 : 충분한 설명이 되도록

꼭 이 구성을 띌 필요는 없습니다. 실제로 형식을 파괴하는 다양한 광고들이 나오고 있고, 비디오의 시대가 되면서 깜짝 놀랄 콘텐츠가 우후죽순 생겨나고 있습니다. 하지만 이런 기본적인 광고의 틀을 벗어날 때는 효율이 나쁠 것도 각오해야 합니다. 광고의 형태는 아주 오래전부터 선배 광고쟁이들이 정립한 것입니다.

메타(페이스북, 인스타그램)같이 플랫폼에서 광고를 하는 경우에는 본문 텍스트 영역도 작성해야 하는데요. 서브 카피가 아니더라도 광고와 서비스에 대해 길게 설명할 수 있는 영역이기 때문에 페이스북 광고에선 서브 카피를 생략하는 경우도 많습니다.

또 디지털 마케팅 특성상 제품과 서비스에 대해 제대로 설명할 공간이 없기도 해요. 그래서 한 줄로만 유혹하는 기술이 늘어나고 있습니다. 카톡을 켜보니 상단 광고에 '프로 금융 개발자로 도약하기'라는 카피가 나오는군요. 돈 많이 주는 은행권 커리어를 생각하는 개발자라면 혹해서 클릭해 보지 않을까요?

무엇보다 우리는 광고를 제작할 때 '회사의 크리에이티브는 나의 크리에이티브가 아니다'라는 사실을 항상 염두에 둘 필요가 있습니다. 배민에서 SNS를 운영하던 이승희 마케터는 한 셀럽이 DM으로 이 계정이 진짜냐고 물으며, '무슨 팔로워보다 팔로잉이 더 많냐'라는 이야기를 하는 것을 들으며 '나만 즐거운' 운영에 대해 고민을 했다고 합니다.

나만 즐거운 콘텐츠는 광고 제작과 운영에 있어 즐겁고 신은 나지만, 회사나 고객 입장에서 그렇게 좋아 보이지 않을 수도 있습니다. 회사가 원하는 것은 내가 생각하고 만들고 싶은 것과 다를 수밖에 없거든요. 그러니 항상 클라이언트의 의견을 잘 듣고 조율하는 나이스한 광고인이 되시길 바랍니다.

☑ 이 정도만 알아가시면 충분합니다

- 콘텐츠를 만들기 전에 테마/콘셉트를 잡자.

- 콘텐츠를 보는 대상이나 연령대 등을 생각하며 매체를 선정
  하자.

- 신나서 자기 취향 맘대로 반영하지 말고 클라이언트 의견을
  잘 반영하자.

5
레퍼런스
이미지 찾기

'확!' 하고 '팍!' 하는 느낌 있잖아요!

사람들은 똑같은 말을 듣고도 다른 생각을 합니다.
특히 이미지는 더욱 그렇죠.
사람마다 느끼고 생각하는 감각이 다르기에,
이미지는 도저히 말로 설명할 수 없는 영역입니다.
그래서 참고할 만한 이미지를 찾아 공유하는 행위,
레퍼런스 탐색이 중요합니다.

한국인은 누구나 한글을 읽고 쓸 줄 압니다. 문맹률이 1% 정도밖에 되지 않는다고 하죠.

그런데 실질적인 문맹률, 그러니까 글을 읽고 화자의 의도를 정확하게 파악하는 능력이 부족한 사람의 비율은 75%라는 이야기도 있습니다. 이는 잘못된 통계라고는 하지만, 살아가다 보면 '진짜로 그럴 것 같다' 싶은 순간들이 있습니다.

남의 일이 아닙니다. 잘 생각해 보면 나 자신도 혼자서만 뭔가를 잘못 이해한 적이 있을 겁니다. 사람은 특성상 텍스트를 보고 그것이 무엇을 의미하는지 생각하는 과정을 생략하기도 하거든요. 특히 요즘은 더더욱. 그래서 이제는 이미지가 정말 중요한 시대가 되었습니다.

글보다 이미지가 주는 느낌이 별로라면 그 안의 내용이 아무리 대단하고 위대한 것이라 할지라도 그 누구도 보지 않는 콘텐츠가 되어버립니다. 반대로 내용물이 엉망진창인데 비주얼 하나 잘 뽑은 것만으로도 성공하는 사례도 점점 늘어나고 있습니다.

원래 그런 것이라면서 한탄만 하다가는 아무것도 할 수 없습니다. 비단 마케팅 영역뿐만 아니라 사람을 만날 때도 첫인상을 비롯한 외모의 영향을 무시할 수 없잖아요. 내가 부족하다면 조금 더 관리를 해야 나를 좋게 봐주는 사람이 조금이나마 늘어납니다.

마케터는 이 점을 항상 인지하고 있어야 합니다. 아무리 좋은 메시지도 포장이 잘 되어있지 않다면 반향을 일으킬 수 없습니다. 시선을 잡아놓고 메시지를 인식시킬 '이미지'를 반드시 생각해야 합니다.

이미지는 공간을 데려온다 : 그때, 그곳, 그 맛

모든 콘텐츠에서 가장 기본이 되어야 하는 것은 '공감'입니다. 같은 상황에 처해 있거나 내가 알고 있는 이야기, 관심 있는 이야기를 해야지, 전혀 상관없는 것을 가져온다면 무의미한 활동이 될 수밖에 없죠. 일반적으로 이미지는 하나의 공간과 그 기억을 통째로 가져오는 역할을 합니다.

위의 사진은 지나가다가 찍은 고양이 이미지입니다. 글로 표현한다면 '인도에 앉아 있는 고양이' 정도로 쓸 수 있겠습니다. 하지만 텍스트만으로는 이 사진의 느낌을 제대로 전달할 수 없죠. 사진을 묘사해 보겠습니다.

막해팅 말고 마케팅

고양이는 출처가 모호한 발 매트 위에 살짝 걸쳐있습니다.

화단에는 라벤더가 피어있네요.

햇볕이 드문드문 들어오는 것을 보니 나무 그늘인 듯합니다.

바닥의 보도블록에 쓰인 벽돌의 종류는 4종류입니다.

토익 리스닝 지문 같기도 한데, 제가 설명한 것들 외에도 사람마다 다른 설명으로 쓰일 수 있습니다. 고양이의 생김새나 앉은 자세에서 오는 고양이의 심기까지도 묘사할 수 있죠. 그런데 그런 구구절절한 설명들이 사진으로 보여주면 1초도 안 되는 시간에 전해집니다.

이렇게 이미지에는 말로 설명하기 어려운 공간적인 요소들이 마구마구 담길 수 있습니다. 적절한 이미지 한 장이면 관객들을 내가 의도한 현장, 그 감정까지 불러올 수 있는 겁니다.

길게 설명했지만, 여행 사진을 생각하시면 이해가 빠를 거예요. 한참 시간이 지나서 까먹고 있었던 여행지의 기억도 그때 찍은 사진 하나를 보면 그날의 날씨, 온도, 습도, 함께한 사람들에 대한 기억도 한번에 떠올리게 되잖아요.

우리는 이런 이미지의 힘을 광고와 콘텐츠에서 이용할 필요가 있습니다.

설명하기 어려운 이미지의 세계

문제는 내 머릿속에 떠올린 이미지를 표현하는 일이 쉬운 일이 아니라는 겁니다. 이건 글을 쓸 때도 마찬가지인데요. 머릿속에 떠올린 것이 아무리 멋지고 대단하다 할지라도 그것을 표현하는 기술은 또 다른 것이라는 사실을 우리는 그림을 그리는 등 다양한 경험을 통해 잘 알고 있습니다. 직접 표현하는 것도 어려운데 다른 사람에게 원하는 결과물을 이끌어내는 것은 또 얼마나 어려울까요.

내가 아무리 열심히 설명을 해도 듣는 사람이 잘못 이해하거나 들을 생각이 없다면 원하는 이미지를 절대로 얻어낼 수 없습니다. 답답해서 직접 만들려고 해도 쉬운 일이 아닙니다. 포토샵으로 대표되는 디자인 툴은 처음 보는 사람들에게 정말 어렵습니다. 레이어 개념, 픽셀 개념을 익히는 것부터가 고난과 역경이고, 이미지를 표현하는 타고난 센스도 쉽지 않은 문제입니다.

그래서 마케터는 허구한 날 디자이너랑 싸웁니다. 디자이너도 사람마다 달라서, 어떤 테마나 목표, 원하는 이미지를 주면 자신이 생각하는 개선점을 가져와 논의를 하는 사람이 있는가 하면, 가만히 앉아서 '레퍼런스가 부족하다, 무슨 말 하

막해팅 말고 마케팅

는지 하나도 모르겠다'라면서 일단 프로젝트의 문제를 카피라이터, 마케터의 잘못으로 지적하고 시작하는 사람들도 있습니다.

당연히 후자가 압도적으로 많습니다. 이러다 보면 서로 지쳐서 될 대로 되란 식으로 던져 놓게 되고, 결국 최악의 결과물을 받아들게 됩니다. 디자이너는 이미 자신의 결과물이 망한 이유에 '마케터 때문'이라고 적어놓고 있죠. 파국입니다.

디자이너 입장에서도 생각해 봅시다. 다른 사람을 위한 콘텐츠를 만들 때 가장 듣기 싫은 말이 '아 제가 말한 건 이게 아닌데….' 일 겁니다. 콘텐츠가 생각만 하면 뚝딱 만들어지는 것도 아니고, 수정과 보완이 때로는 처음부터 다시 만드는 것보다 어려울 때도 있는데 명확하게 오더를 내려 주는 것도 아니면서 이런 일이 계속 반복된다면 지치고 신경질적으로 변할 수밖에 없습니다.

싸움 없는 관계는 발전이 없다지만 (솔직히 이 말은 언쟁을 즐기는 사람들이 그렇지 않은 사람들에게 하는 가스라이팅 멘트라고 생각합니다) 서로를 깎아내리는 소모적인 환경은 좋은 결과를 낼 수 없습니다.

그리고 이런 문제가 극에 달했을 때 탁월한 해결책으로 '레

막해팅 말고 마케팅

퍼런스' 개념이 등장하게 됩니다.

잡생각만 하는 사람, 잡생각이 없는 이들의 합의를 위한 레퍼런스

'레퍼런스'는 참고해서 만들기 위한 자료를 의미합니다. 백문이 불여일견이므로 구구절절 설명하느니, 보여줌으로써 내의사를 확인시키기 위한 용도로 활용되죠.

반드시 디자이너와의 소통을 위해 사용되지는 않아요. 기획자 스스로도 레퍼런스를 찾으면서 더 좋은 것을 발견하거나, 비슷했던 크리에이티브의 결과를 보고 내용을 수정하면서 발전시킬 여지도 있죠.

레퍼런스는 작업에 들어가기 전에 의사결정권자의 허락을 받기 위한 용도로 활용되기도 합니다. MBTI의 두 번째 자리가 S인 사람들(감각형, 감각을 이용해 정보를 사실 그대로 받아들임)은 데이터를 통해 판단하며 이성적이기 때문에 쓸데없는 상상을 잘 안 한다고 해요. '트월킹을 하면서 관악산을 오르다'라는 문장을 읽고 N인 사람들(직관형, 판단을 이용해 사실 너머의 정보를 받아들임)은 그 모습과 쪽팔리는 감정까지 생각하고 있는데 S들은 '그걸 왜 해?'라고 생각하고는 이미지조차 상상하지 않는다고 합니다.

그런데 회사 중역들, 특히 의사 결정권자들 중에서는 합리적인 S가 많습니다. 잡생각 안 하고 이성적인 사람들이 회사에서는 치고 올라갈 가능성이 많거든요. 그래서 어떤 상황이나 재미있는 말을 했을 때 그들은 이해를 못 해서 (또는 할 생각이 없어서) 받아들이지 않을 가능성이 높습니다. T와 F의 핵심 주제인 '공감'과는 또 다른 이야기입니다. 망상의 멋짐을 모르는 당신이 불쌍해.

레퍼런스는 그런 상황에서 보여주고자 하는 바를 명확하게 보여주는 장치가 됩니다. 기획하는 사람, 디자이너, 의사결정권자의 머릿속에 있는 그림을 퍼즐 맞추듯 조합하는 작업을 하는 것이지요. 우리 에너지는 소중하니까요.

보이지 않는 레퍼런스 찾기

문제는 머릿속에 떠올린 어떤 이미지와 비슷한 것을 찾아낸다는 것이 정말 쉬운 일이 아니라는 겁니다. 떠올렸지만 정확히 어디서 봤는지 기억이 안 날 수도 있고, 그런 기법을 무

막해팅 말고 마케팅

슨 단어로 부르는지도 몰라서 못 찾기도 합니다. AI 이미지 생성기에 물어봐도 제대로 만들어 주지 않습니다. 기술이 더 발전하면 어찌 될지 모르겠지만….

결국 여러 키워드를 바꿔 넣어가면서 검색의 검색을 거듭한 끝에 설명 중 일부에 쓰일 수 있을 만한 쥐꼬리를 찾게 되고, 그것을 조각 모음해서 누더기처럼 기워내는 작업을 하게 됩니다.

그렇다면 어디서 검색을 해야 할까요? 구글이라는 강력한 검색 툴은 어지간한 이미지는 다 찾아주며 이미지를 이용해 이미지를 찾아주는 기능도 가지고 있지만, 레퍼런스로 삼을 만한 '예쁜' 이미지를 잘 찾아주지는 못해요. 그래서 레퍼런스를 찾는 곳은 대체로 다른 곳이죠.

제가 쓰는 몇몇 플랫폼을 소개해 드리겠습니다.

일러스트 : 〈핀터레스트〉

다양한 일러스트레이터들이 자신의 작품을 올리며 포트폴리오 공개를 위해 사용하는 곳입니다. 그리하여 크리에이티브 업계에 걸쳐있는 사람이라면 레퍼런스를 찾을 때 이곳부터 들러서 출발하게 됩니다.

사진 : 〈언스플래쉬〉, 〈픽사베이〉

사진 레퍼런스를 구할 수 있는 곳은 정말 많지만, 그중에서도 이 사이트들을 소개하는 이유는 이곳의 이미지들은 무료로 광고에 사용해도 되기 때문입니다. 저작권 걱정 없이 찾은 사진을 바로 이용할 수 있는데 이미지들의 퀄리티도 제법 괜찮습니다.

문제가 있다면 외국 사이트이기 때문에 아무래도 이미지들이 서양 분위기 일색이라 동양권 문화에서는 다소 이질적이라는 점이 있겠습니다. 한국 사회가 다변화되고 있지만 아직까지는 단일민족 사회이기 때문에 이국적인 것에는 거리감이 듭니다. 손만 보고도 동양인이 아니라는 것을 바로 눈치챌 수 있습니다. 앞서 이미지가 가지고 있는 강력한 기능으로 '공감'을 이야기했는데요. 고객들이 흔히 보는 우리 동네 사진이 아니라는 것을 눈치채면 아무래도 공감 기능이 많이 떨어질 수밖에 없습니다.

그 밖의 스톡 사이트들

〈셔터스톡〉, 〈i스톡〉 같이 스톡 이미지를 파는 곳들이 있습니다 '레퍼런스'를 찾는다면 이런 곳도 찾아보면 좋습니다. 이곳에 올라오는 사진들에는 '키워드 색인 작업'이 되어 있는

막해팅 말고 마케팅

것이 가장 큰 장점이에요.

예를 들어 '돈이 없는 사람'이라는 키워드를 입력하면 다양한 형태와 표정의 빈티나는 사람의 이미지나 일러스트들이 쏟아져 나옵니다. 우리는 그중 자신이 생각한 것과 가장 유사한 느낌을 취사 선택할 수 있게 됩니다.

스톡 사이트에서 받는 이미지는 기본적으로 워터마크가 붙게 되는데, 참조용으로 사용할 때는 크게 문제 될 것이 없습니다. 여차하면 개별 구매도 가능합니다. 그렇게 비싸지도 않습니다. 아무거나 마음대로 여러 개 살 수는 없겠지만 그 정도 제작지원도 안 해주는 회사라면 빨리 나오세요.

레퍼런스 더 정확하게 만들기

레퍼런스를 찾았다고 만사 OK가 아닙니다. 레퍼런스라고 전달하면 '참조'가 아니라 '표절' 수준으로 레퍼런스랑 똑같이 만들어 주는, 생각이라고는 1도 하고 싶어 하지 않는 디자이너들이 있다는 겁니다. 니들은 디자이너로서의 자긍심도 없냐!

경우에 따라서는 참조하라고 준 레퍼런스가 사고의 폭을,

창의력의 폭을 닫아버리는 역할을 해버리는 거예요. 머릿속에 하나의 개념이 생겨나면 그것 외에는 잘 생각하지 못하는 것이 인간이거든요.

이를 방지하기 위해서는 찾은 이미지를 얼기설기 엮어서 원하는 구도를 만들고, 그 위에 내가 생각하는 것들을 텍스트로 다 올려서 전달해 줘야 합니다. 회의 시간에 다 이야기했다고요? 디자이너도 분명 동의했다고요? 사람들이 그걸 다 기억할까요?

'잘못 이해했어요'의 가장 좋은 카운터는 '전달드렸는데…'입니다. 레퍼런스를 다시 한 번 정리하고 세부 설명을 첨부하는 작업은 결과물이 내 생각과 크게 빗나가는 것을 미연에 방지할 수 있게 되며, 디자이너 입장에서도 일을 두 번 하지 않도록 하는 중요한 과정이 됩니다.

전달할 이미지는 퀄리티가 높지 않아도 됩니다. 자신이 사용하기에 가장 편안한 툴을 이용하세요. 포토샵이 아닌 파워포인트나 구글 시트로 만들어서 전달해도 괜찮아요. 오히려 이미지 옆에 텍스트를 잘 넣을 수 있기에 이미지만 주는 것보다 더 확실히 설명할 수 있는 여지가 생깁니다. 뭐가 되었든, 당신이 가장 잘 쓸 수 있는 도구를 쓰세요.

요즘 힙한 이미지 도구는 '피그마'입니다.

[이미지 도구 '피그마']

따로 프로그램을 설치할 필요 없이 웹상에서 편집이 가능하며, 오피스 툴보다 훨씬 좋은 다양한 편집 도구들을 사용할 수 있습니다.

웹 기반의 서비스이기 때문에 실시간으로 소통하면서 작업하거나 공유하기도 편리합니다. 사실 이 실시간 공유 기능이 가장 강력해요. 디자이너가 이해하기 어려운 부분을 댓글로 달아놓으면 답변을 한다거나, 다른 자리에서 실시간으로 펼쳐놓고 논의할 때도 좋습니다.

추가로 디자이너들에게 최신 툴을 다루고 있다는 만족감을 줄 수도 있어요. 요즘 유행하는 툴을 다룬다는 것은 직무적으로 발전한다는 뜻이기도 하거든요. 이직에도 유리하죠.

일단 많이 보세요

광고나 크리에이티브를 만들 때 가장 중요한 것은 '인풋'입니다. 무엇이든 많이 보고 생각하는 힘을 기르시길 바라요. 집에서 예전에 본 TV 프로그램을 쓸데없이 반복해서 보고 있지 말고 책이라도 읽고, 미술관 같은 곳도 구경하고 요즘 힙하다는 카페에 앉아서 사람 구경이라도 하세요.

예전에 다녔던 광고회사는 하루 12시간 넘게 일하면서 한 달에 이틀 정도 쉬는 (주말 포함) 회사였는데요. 그렇게 몇 달 살아보니 크리에이티브 회의를 할 때가 되면 사람들은 늘 똑같은 크리에이티브를 들고 왔습니다. '저 사람 틀림없이 동물 + 축제 아이디어 들고 온다' 싶으면 진짜로 그걸 들고 왔답니다. 물론 분명히 저도 그랬을 거예요.

밖에 나가서 새로운 것을 접할 시간이 없었던 사람들은 자기 세계 안에서 자기복제밖에 할 수가 없습니다. 다양한 문화 체험이 당신의 콘텐츠를, 나아가 삶의 질도 향상시킬 거예요. 레퍼런스가 가득한 세상에서 좋은 아이디어를 발견할 수 있길.

막해팅 말고 마케팅

☑ 이 정도만 알아가시면 충분합니다

- 디자이너랑 소통하기 어렵다.

- 사람마다 같은 키워드를 듣고도 생각하는 방식이 다 다르기 때문.

- 그것을 조율하기 위해 레퍼런스를 찾고 생각 맞추기 작업을 한다.

- 그대로 보여주지 말고 나름의 재가공을 해서 보여줘야 원하는 결과가 나온다.

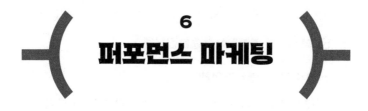

6
퍼포먼스 마케팅

숫자를 따라다니는 마케팅

메체가 다양해지고 콘텐츠를 만드는 툴이 점점 쉬워지고 있습니다.
마케터 혼자서 북 치고 장구 치고 다 할 수 있는 환경이 마련되면서
이제 기업은 콘텐츠를 스스로, 때로는 대행사를 통해 만들어
온갖 채널에 뿌리는 퍼포먼스 마케팅을 진행하게 됩니다.

만드는 것만으로도 사람들이 와서 관심도 가져주고 피드백도 주면 좋겠지만, 아무리 콘텐츠를 만들고 열심히 뿌려도 그런 일은 쉽게 일어나지 않습니다. 말로 칭찬을 해주지 않으니 마케터는 사람들이 콘텐츠나 광고를 보고 드러내는 여러 행동들을 숫자로 기록해 반응도를 체크하게 됩니다.

숫자를 볼 수 있다는 혁신

일명 4대 광고라고 불리던 고전적인 광고 – 신문, 잡지, 라디오, TV 광고는 정확한 성과측정이 불가능했습니다. 그 매체가 얼마나 많은 사람들에게 전달되었을지 '추산'은 할 수 있겠지만, 몇 명이 확인했고, 얼마나 효과가 있었는지를 파악하기에는 꽤 오랜 시간이 걸리며, 그래서 부정확했습니다.

대충 몇 명이 봤는지는 유동인구나 시청률 등을 통해 추측할 수 있다고 해도, 그중 몇 명이나 의미 있는 눈길을 주고, 다음 행동을 했는지는 미지의 영역이었죠. 당장 오늘 길을 걸으면서 본 광고는 몇 개가 있었는지 기억할 수 있는 사람이 있을까요? 버스 정거장, 건물 벽, 게시판, 전봇대의 불법 광고, 현수막 등등 셀 수 없이 많은 광고가 각자의 자리에서 우리를 유혹하지만 우리는 다양한 이유로 그것들을 눈에 담지 못합니다.

그래서 옥외광고를 다루는 사람들끼리는 그 성과를 측정할 수 있는 뭔가가 나타난다면 노벨 경제학상을 받을 수 있을 것이라는 이야기를 합니다. 아무튼, 현재 기술로는 불가합니다.

하지만 디지털 광고, 즉 온라인 매체의 발달은 광고에 돈을 쓴 다음 그 성과를 실시간으로 확인할 수 있는 환경을 만들어

주었습니다. 콘텐츠를 노출했을 때 얼마나 많은 고객들에게 전달되며, 몇 명이나 클릭을 했는지, 나아가 광고를 보고 들어온 고객이 내 서비스 안에서 어느 단계까지 행동했는지까지 측정할 수 있게 되었죠.

광고라는 시스템의 구조가 달라진 거예요. 고객들은 페이스북을 통해 개인정보를 기꺼이 내주었고, 동의한 적은 없지만 플랫폼이 그것을 자유롭게 캐내고 있기 때문에 온라인 광고 플랫폼은 고객 한 사람의 인적 정보와 최근에 뭘 보고 돌아다녔으며, 무엇에 관심이 있는지까지 프로파일링 할 수 있게 되었습니다.

이렇게 광고를 운영하면서 다양한 데이터를 캐내고, 그 데이터를 토대로 다음 광고를 만들거나 내부 시스템을 조정하는 과정을 '퍼포먼스 마케팅'이라고 하며, 다른 어떤 마케팅 분야보다 빠르게 발전해 지금은 마케팅의 주류 장르가 되었습니다.

퍼포먼스 마케팅은 이미지나 영상을 보여주는 DA[Display Ad] 외에도 키워드를 통해 홈페이지로 유입시키는 SA[Search Ad], 앱 설치를 유도하는 광고 등 여러 가지가 있지만, 보편적으로는 '광고 플랫폼을 이용해 광고를 운영하면서 데이터 작업을 하

막해팅 말고 마케팅

는 것'을 포괄하는 경우가 많습니다.

기업들은 퍼포먼스 마케팅을 하지 않으면 뒤처진다는 위기감에 빠졌고, 페이스북 광고 플랫폼이 나온 지 3년쯤 될 때 10년 차 페이스북 온라인 마케터를 구한다는, 요상한 채용공고도 뜨는 등 아주 난리도 아니었답니다.

실시간 모니터링으로 일 잘하는 '검은 소' 찾아내기

실시간으로 (실제로는 하루 정도 걸립니다) 데이터를 확인할 수 있다는 것은 마케터와 회사에 필요한 정보와 결과를 더 빠르게 가져와 전략에 활용할 수 있다는 뜻이기도 합니다.

앞서 '기획편'에서 설명했던 퍼널 구조의 각 단계는 수치와 비율을 통해 계산하게 되는데, 퍼포먼스 마케터는 원하는 구간, 원하는 캠페인에 대한 퍼널 숫자를 정확하게, 그것도 빠르게 확인할 수 있어 고속성장을 하고자 하는 기업의 마음에 불을 지피는 역할을 수행하게 됩니다.

퍼포먼스 마케터가 자신의 가치를 이야기할 때 가장 많이 이야기하는 실험 기법은 'AB 테스트'입니다. 마치 이 테스트를 대단한 것처럼 이야기하고, 예전에는 그것도 모르냐고 핀

잔을 주는 꼰대도 있었지만, 그냥 'A, B 둘 중 뭐가 더 인기가 좋은지 확인하는 테스트'입니다. 그렇게 굉장한 거 아니에요.

회의실에서 두 마케터가 싸웠다고 합시다. 다양한 이유로 의견이 갈릴 수 있겠죠. 멘트를 가지고도 싸울 수 있고, 디자인 레이아웃이나 예산을 가지고도 싸울 수 있습니다. 그럴 때 회의실에서 결론을 내는 것이 아니라 두 개 모두 선택한 다음 더 잘 되는 것을 밀자고 이야기할 수 있습니다.

'검은 소가 더 일을 잘하오, 누런 소가 더 일을 잘하오?'의 답을 찾는 과정이지만 이런 실험을 설계하고 진행하는 것은 불과 10년 전만 하더라도 생각하기 어려웠습니다.

AB테스트 기법으로 꼭 광고 소재 말고도 다양한 것을 실험해 볼 수 있습니다. 고객에게 먹히는 테마가 무엇인지, 제품 이미지는 무엇이 좋은지 등등 무궁무진합니다.

이 기법을 통해 '거 봐, 내 말이 맞잖아' 라던가 '이봐, 해 봤어?' 같은 소리를 듣지 않을 수 있게 되었습니다. 물론 테스트를 해도 이상한 말이 나오는 것은 똑같습니다. '해 봤는데 안 됐다는 말은 하지 마라'라던가…. 결국 회사 사람들, 특히 윗선은 '답정너'입니다.

꼭 둘 중 하나를 비교하는 것이 아니더라도, 마케팅의 크고 작은 캠페인의 결과를 실시간으로 모니터링하면서, 더 잘 되는 것은 유지하거나 예산을 증액하고, 그렇지 않은 캠페인은 쳐내는 등의 적절한 조치를 취하는 것이 퍼포먼스 마케팅의 주요 골자입니다.

이 기법이 잘 운용된다면 기업은 마케팅 비용을 최적화하면서 꾸준히 우상향할 수 있습니다!

굉장히 '데이터-드리븐스럽고 하이테크 한 기술'을 쓰는 것 같지만 사실 퍼포먼스 마케터라는 직군은 온라인 광고 플랫폼을 조작하는 사람을 퉁쳐서 부르는 경우가 많고, 전략 중심의 마케팅 관리자나 데이터 사이언티스트들은 '퍼포먼스 마케터'라고 부르는 것을 그다지 달가워하지 않습니다. 왜 그럴까요?

퍼포먼스 마케팅의 한계

퍼포먼스 마케팅은 이론상 기업에게 장밋빛 미래를 가져다 줄 것 같지만, 실제로는 이런저런 한계가 존재합니다. 굉장한 인사이트와 결론을 우리에게 전달해 주는 데이터는 의외로 쉽게 나타나지 않습니다. 막상 데이터를 뜯어보면 우리가 이미 알고 있는 사실을 다시금 확인하게 되는 경우가 많죠. 생

막해팅 말고 마케팅

각보다 사람들의 직관은 명확한 편이거든요. 그렇다 보니 데이터를 쳐다보고 있자면 '현타'가 느껴질 때가 많습니다.

게다가 선임 마케터나 대표 등 일선은 데이터가 하는 말을 듣지 않는 경우가 많습니다. 사람들은 '그 어려운 상황을 뚫고 내가 시장 뒤집기를 해냈다'라는 영웅 서사를 좋아하지, '안 될 숫자가 보이니 하지 말자'는 이야기를 하는 회피형 인간의 말은 진짜 진짜 싫어합니다. 그러니 우리의 데이터 탐구는 소리 없는 아우성이 될 가능성이 상당히 높습니다.

퍼포먼스 마케팅의 무기인 데이터는 그저 의사결정에 참고하라고 주는 것이지, 의사결정 그 자체가 되지 못한다는 약점을 가지고 있습니다.

어제와 다른 오늘

어제 잘 된 마케팅이 오늘 잘 될 것이라는 보장은 어디에도 없습니다. 예전과 똑같은 조건, 똑같은 전략으로 돌진했는데 석연치 않은 결말을 맞이하는 일이 어디 마케팅뿐이겠어요.

일반적으로 '실험'이라는 것에는 큰돈과 시간을 부여하지 않는데, 그렇다 보니 실험에서 만들어지는 데이터는 충분한

양을 갖지 못하는 경우가 많고, 일반화의 오류를 갖게 될 가능성도 높습니다. 결국 실험 단계에서의 결과가 실제 결과와 크게 달라지게 됩니다.

AB 테스트만 해도 그렇습니다. AB 테스트를 통해 인사이트를 얻는 과정은 멋있어 보이지만, 대부분의 실험은 두 개가 비슷한 결과로 귀결됩니다. 진짜 차이가 날 정도의 크리에이티브 차이라면 이미 기획 회의 단계에서 암묵적으로 결론이 나 있는 경우가 많죠.

주요 퍼포먼스 마케팅 채널인 메타와 구글도 그렇게 신뢰성이 높은 것도 아닙니다. 페이스북 등을 통해 AB 테스트를 진행하면 굉장히 실망스러운 진행 상황을 볼 수 있습니다.

예를 들어 A 소재는 같은 기간 1000명에게 보여줬는데, B는 100명에게 보여줬습니다. 그런데 A를 클릭한 사람은 25명이고, B 소재를 클릭한 사람은 4명입니다. 그러면 A는 2.5%, B는 4%니까 B가 더 우수한 광고일까요?

글쎄요. 일단 B 소재가 A 소재에 비해 노출이 잘 되지 않는 것부터 제대로 된 실험이라고 하기엔 문제가 있습니다. 그런데 왜 노출이 덜 되는지는 그 누구도 알려주지 않습니다.

그 답을 찾아내고자 고객센터조차 없는 플랫폼의 문을 열심히 두들겨 물어보면 'AB 테스트는 정확한 데이터를 얻을

막해팅 말고 마케팅

때까지 시간과 돈을 충분히 쓰셔야 해요' 같은 두루뭉술한 답변을 해줍니다. 지금 당장 실적을 내야 하는 마케터들에게는 회삿돈을 쓰면서 느긋하게 기다릴 여유가 없습니다. 결국 실험이라는 과정은 흐지부지 마무리되고, 내부적으로 좋아하는 그럴싸한 캠페인에만 힘을 쏟게 됩니다.

라벅조차 맞히지 못하는 데이터

과거 페이스북(현 메타)과 구글은 자신의 플랫폼 안에서 고객들의 개인 정보를 신나게 가져갔습니다. 이를 가능하게 한 기술은 회원들이 다른 사이트나 앱에서 뭘 보고 돌아다니는지 알 수 있는 '쿠키'였습니다. 플랫폼 밖에서 일어나는 일까지 볼 수 있으니, 그들이 개인의 취향을 특정하기는 너무너무 쉬운 일이었습니다.

그런데 그 데이터가 선거같이 치명적인 영역에서 부정적으로 사용되었을 때 상상 이상의 강력한 영향을 발휘하는 영역에 사용될 수 있다는 사실이 밝혀지고, 실제 사례들이 나오게 되면서 개인 정보에 대한 불편한 시선이 늘어났습니다.

결국 애플은 앱이나 웹 브라우저에서 일어나는 고객의 추적 데이터를 기본적으로 막아놓고, 고객이 원하고 동의했을 때에만 전달할 수 있는 구조로 데이터 시스템을 변경했습니다. 애플이 시작하니 구글도 그렇게 되었죠. 내 정보를 기업에게 제공할 것인지 물어봤을 때 기꺼이 '그러겠다'라고 대답할 사람은 아마 별로 없을 거예요.

결국 예전처럼 정밀하게 타깃팅 하기 어려우니 광고의 효율은 떨어졌습니다. 자연스럽게 퍼포먼스 마케터가 휘두를 수 있는 권력도 줄어들게 되었죠. 페이스북의 타깃팅이 면도칼처럼 날카롭던 시절에 퍼포먼스 마케팅을 했던 마케터들은 요즘 광고 효율이 예전만 못하다는 사실에 다들 동의할 겁니다. 플랫폼의 피로도 자체도 높아지기도 했고요.

숫자에 담기지 않는 것들

마케팅은 생각보다 숫자가 아닌 것에 좌우되는 일이 많습니다. 날씨, 시간, 그날의 기분과 오늘의 뉴스, 국제 정세까지도 고객의 심리에 영향을 끼칩니다. 여러 상황이 겹쳐 돈이 있음에도 없다고 생각할 수 있잖아요. 엑셀 시트 안의 숫자로 그런 것들을 파악할 수는 없어요.

막해팅 말고 마케팅

숫자가 잘 나오지 않을 때는 초록색 배경을 쓰는 게 더 나은지, 노란색 배경을 쓰는 것이 더 나은지 고민하는 것보다 숫자 너머의 것들을 거국적으로 생각해야 효율이 나오는 단계가 온 것입니다.

퍼포먼스 마케팅은 이제 기본소양

부정적으로 이야기하긴 했지만, 퍼포먼스 마케팅이라는 분야, 정확히는 마케팅을 할 때 데이터를 실시간으로 직접 뽑아보고 생각하는 기술은 이제 우리에게 반드시 필요한 소양이 되어버렸습니다. 기본적으로 데이터를 볼 줄 모르는 마케터는 무시당하기 쉽습니다. 퍼포먼스 마케터가 아니라 콘텐츠 마케터라 할지라도 말이죠.

퍼포먼스 마케팅을 통해 데이터를 볼 수 있다는 것은 지난 수십, 수백 년 동안 마케터들이 하고 싶어도 못하던 것들입니다. 이것을 잘 이용하지 못한다는 것은 마케터로서 큰 것을 놓치게 되는 것이며, 내가 만든 것을 돌아보고 성장하지 못한다는 뜻이 됩니다.

퍼포먼스 마케팅에 이다지도 회의적일 수 있는 것은 그만큼 이 분야가 너무나도 보편적인 영역이 되었다는 뜻이기도 합니다. 하지만 좋은 점도 많습니다.

1. 의사결정에 도움이 됩니다

퍼포먼스 마케팅을 통해 얻는 데이터는 높으신 분들의 의사결정에 도움을 줄 수 있습니다. 크리에이티브 클릭 같은 단순한 지표보다는 고객의 행동 데이터가 특히 그러한데요. 서비스 안에서 일어나는 다양한 일들을 단계별로 파악하고 정리하면, 사람들이 우리 서비스에서 기대하는 것이 무엇이며, 어느 지점에서 고민하는지를 쉽게 파악할 수 있습니다.

이것을 알아보기 위해서는 고객을 대상으로 심층 인터뷰를 진행한다거나 다양한 행동 실험을 할 수 있겠지만, 그렇게 되면 또다시 일반화의 오류에 시달리게 됩니다. 데이터를 뜯어보는 것이 가장 객관적인 지표임을 알고, 그것을 설득할 때 잘 이용할 수 있어야 합니다.

2. 효율을 만듭니다

마케터로 일하다 보면 정말 다양한 광고 매체 담당자로부터 연락을 받게 됩니다.

자신들의 지면에 광고를 한 번 진행해 달라면서 연락을 취해오는데, 대부분은 효과가 절망적으로 없어서 안 하게 되지만, 가~끔 새롭게 시도해 볼 만한 어떤 것이 등장하기도 합니다.

꼭 연락이 오지 않더라도, 새로운 매체에 광고를 실어보고 얻어지는 데이터를 통해 해당 매체를 어떤 상황에서 얼마나 투자할 것인지를 고민하고 결정할 수 있어야 합니다. 예산 내에서 여러 매체를 조합해 최적의 효율을 만들어 내는 것이 퍼포먼스 마케팅의 핵심이죠.

퍼포먼스 마케팅이 효율이 낮아지고 저무는 느낌이 든다고 해서 그 분야가 사라지는 것이 아닙니다. 이제는 모두가 기본적으로 알고 있는 지식이 되어가는 것뿐이에요. 형태만 다르지 플랫폼을 이용해 광고를 하는 시스템은 계속해서 등장할 것입니다.

지금 퍼포먼스 마케팅을 하고 계신가요? 그러면 남들보다 더 탄탄하게 토대를 만들고 계신 겁니다.

데이터를 정리하고 활용하는 방법은 뒤에 나올 데이터 편에서 다시 한번 이야기해 보도록 합시다.

☑ 이 정도만 알아가시면 충분합니다

- 광고 플랫폼에서 바로 데이터를 받아 마케팅을 하는 것을 '퍼 포먼스 마케팅'이라고 한다.
- 데이터 덕분에 광고가 더 명확하고 빨라졌다.
- 그러나 맹신하지는 말자. 여러 가지 헛점을 가지고 있는 광고 기법이기도 하다.
- 요즘은 기본으로 다 아는 것이니 공부할 일이 있으면 적극적 으로 하자.

막해팅 말고 마케팅

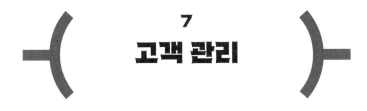

7
고객 관리

고객과의 전투에서 얻는 것들

마케터는 고객이 브랜드를 인식하고 구매한 뒤 리뷰를 남기는 것까지 관찰하지만
고객을 직접 만나는 일은 하지 않는 경우가 많습니다.
그렇지만 회사 규모에 따라, 상황에 따라 고객과 부딪힐 일이 생기는데요.
피치 못할 상황에서 고객응대를 현명하게 하는 방법을 알아봅시다.

마케팅 업무는 보통 고객을 끌어오는 일이고, 고객을 상대하고 상담하는 일은 보통 CS팀의 업무입니다. 하지만 요즘은 AARRR이니 IMC마케팅이니 처음부터 끝까지 마케터가 정리하는 것이 유행이기도 하고, 어쩐지 하지 않으면 도태되는 사회적 분위기가 만들어지면서 우리는 고객을 상담하는 일까지 맡게 되었습니다. 고객과 닿은 모든 곳에 마케터의 손길이 필요하니까요. 흐흑

꼭 그런 거창한 이유가 아니더라도 보통 회사에서 제품을

가장 잘 알고 있는 사람이 마케터이기 때문에 조금 복잡한 고객을 처리할 때 마케터를 찾는 경우도 있습니다.

사실 상담하시는 분들 중에서 서비스에 대한 깊은 이해 없이 그저 '알고 있는 선까지만' 상담을 진행하고, 모르는 것이 튀어나오면 바로 해결해 줄 사람한테 휙 돌려버리는 분도 계십니다. 뭐 어쩌겠어요. 모두가 완벽하고 책임감 있게 일을 하지는 않으니까요.

그리 달가운 일은 아니지만 마케터가 고객을 직접 만나서 이야기해 보는 것이 손해는 아닙니다. 아무리 전문가의 자문을 구하고 리서치를 한다고 한들, 고객을 직접 겪어보고 그 대화 속에서 휘몰아치는 감정을 느껴보지 않는다면 다 소용없는 활동입니다. '탁상공론', 그 자체가 되어버립니다.

고객에게 전하는 메시지를 쓸 때도, 크고 작은 마케팅 전략을 짤 때도 고객 응대 경험은 엄청난 깊이의 차이를 만듭니다. 전해 들으면 여전히 남의 것이지만, 내가 하면 내 것이 됩니다. 무엇이든 그래요.

자의든 타의든, 여러 이유로 고객을 만나게 된 당신은 일단 당황을 할 겁니다.

고객이라는 사람들이 절대 우리가 생각한 대로 생각하고 움

막해팅 말고 마케팅

직이지 않거든요.

우리에게 상식인 것이 누군가에게는 처음 듣는 이야기이며, 설명을 해 줘도 상대는 들을 생각이 전혀 없기 때문에 말싸움을 한들 이길 수가 없습니다. '어차피 국민 평균은 5등급이다'라는 말이 있습니다. 이게 학벌 지상주의라던가, 선민사상이 들어간 문장이라 그리 좋은 표현은 아니지만, 고객을 상대하고 있자면 이 말을 계속 생각하게 됩니다.

1등급의 나이스한 사람이 있다면 어딘가에는 9등급의 개노답 피플이 있습니다.

눈물의 감동실화

고객의 금융 관련 업무를 도와주고 있었습니다. 돈과 신용이 달린 문제이니 당연히 본인 확인과 인증 절차가 필요하겠죠. 진행을 도와주려고 인적 사항을 확인하고, 문자 인증 등을 진행하고 있는데 갑자기 고객이 전화를 끊어버렸습니다.

그리고 잠시 후 회사로 전화가 오더니 '방금 너희들을 사칭하는 보이스피싱을 당한 것 같다며, 고객 개인 정보를 어떻게 관리하길래 이런 일이 있냐'면서 화를 내셨습니다. 그 모든 작업은 당신께서 요청주셔서 진행하던 일이었습니다.

이건 좀 흔한 일이긴 합니다만, 채널 톡 같은 상담 솔루션을 이용할 때엔 '고객이 먼저 말을 걸어 주어야' 상담을 진행해 줄 수 있는 경우가 있습니다. 조금 불편하긴 하지만 그렇게 시스템을 만들지 않으면 성질 급한 사장님들은 새벽에도 고객한테 말을 걸거든요. 아무튼 시스템이 그러하기 때문에 채팅 상담이 접수되면 자동 메시지로 '채팅창에 뭐라도 메시지를 남겨주세요'라는 내용이 발송됩니다.

정말 많은 고객들이 답장을 하지 않습니다.
그리고는 상담센터 연결이 되지 않는다고 화를 냅니다.
기다렸는데….

고객들은 왜 이렇게 제멋대로 행동하는 걸까. 그리고선 왜 화를 내는 걸까…. 다 부숴버리고 싶지만 그렇다고 고객에게 짜증을 내거나 화를 내서는 안 됩니다. '진상 고객을 위한 참교육' 같은 것은 현실을 모르는 사람이나 생각하는 일입니다. 고객과의 관계를 망쳐버리면 얻는 것보다 잃는 것이 훨씬 많습니다. 부정적인 입소문이 생겨나기 때문이죠.

　　　　　　　　　　　　　　막해팅 말고 마케팅

전염성을 갖는 부정적 리뷰

사람들은 리뷰에 민감합니다. 그리고 대부분의 후기는 좋다고 칭찬하는 콘텐츠보다 불쾌했던 경험을 적을 때 디테일이 살아있고 적나라합니다. 리뷰를 잘 안 남기던 사람이 불쾌한 경험이 있을 때만 리뷰를 쓰는 경우도 많답니다.

사람은 부정적인 감정이나 경험에 훨씬 더 민감하게 반응하고 기억하는 동물이기 때문이에요. 만약 당신이 고객을 불편하게 만들었을 때 정말 재수가 없다면 그의 불쾌함은 팩트가 되어 곧이곧대로 세상에 퍼져나갈 것입니다.

그게 사실인지 아닌지는 중요하지 않습니다. 사람들은 듣고 싶은 대로만 듣잖아요. 후기도 일종의 콘텐츠인데, 요즘의 콘텐츠는 언제 어디서 어떻게 터질지 모르기 때문에 부정적인 후기 하나가 어떤 파급효과를 불러일으키게 될지 모릅니다.

그렇다고 말도 안 되는 주장과 분노를 모두 받아줄 수는 없습니다. 우리도 사람인데, 다른 사람의 부정적인 감정을 뒤집어 쓰는 것은 너무나도 힘든 일입니다.

그렇다면 우리는 이 전쟁터에서 어떻게 행동해야 할까요?

싸움이 일어나지 않도록, 싸움이 일어나려 할 때 입을 막을 수 있는 안전장치를 마련해야 합니다.

설명자료는 다다익선

얼마 전에 자동차의 후방카메라에 문제가 있어 혼자 씨름하다가 결국 해결하지 못하고 카센터를 갔습니다. 그때 사장님이 '거의 모든 고객이 혼자 해본다고 뭔가 하다가 일을 더 크게 키워서 온다'라는 말을 해주셨습니다.

대부분의 고객이 그렇습니다. 수고스럽더라도 혼자 일을 처리할 수 있다면 어지간해서는 고객센터를 찾아오지 않습니다. 이해가 잘되지 않거나, 하다가 문제가 생겼을 때 우리를 부릅니다. 고객의 입장에서 생각하면 우리가 제공하는 서비스 안내가 제대로 되어있지 않으며, 나아가 우리 서비스/제품이 사용하기 어렵다는 뜻도 됩니다.

서비스 담당자가 고객 응대하느라고 바빠 죽겠다 징징거리는 것에는 마케터도 일부 원인 제공을 하고 있다는 뜻입니다.

꼭 모든 상황을 직접 겪지 않더라도 담당자의 의견을 적극적으로 수용해 그들이 필요로 하는 자료나 스크립트를 직접 만들어 주는 것이 해결책이 될 수 있습니다. 특히 요즘은 꼭 전화가 아니라 채팅으로 상담을 하는 경우가 많잖아요. 타이핑하지 않고 링크로 던져줄 수 있는 노션 페이지, 블로그 게

고객

- 같은 문제가 몇 달째 해결 안 되고 있다.
- 오늘은 두 시간째 뺑뺑이를 돌고 있다.
- 상담사가 바뀔 때마다 처음부터 상황을 설명하고 있다.

상담사

- 오늘 처음 저 고객을 만났다.
- 히스토리는 어디에도 없다.
- 이건 내가 해결할 수 없는 문제다.
- 상담 인력은 계속 줄이고 있다.
- 갑자기 욕먹어서 슬프다.

시글 정도만 준비해도 정말 엄청난 도움이 됩니다!

이런 것들이 잘 만들어지고 정리되어 있다면 조금 전에 이야기한 '상담하다가 조금만 어려워져도 다른 사람을 찾는 사람'도 링크 주소를 던져주는 것으로 해결을 봅니다. 어떤 자료가 어디에 있다는 것까지만 인지시켜주면 서로가 편해집니다.

항상 고객을 유혹하는 콘텐츠를 만드는 것만이 마케터의 몫이 아닙니다. 일이 더 잘 돌아가게 만드는 것도 마케터, 정확히는 '누군가와 함께 일하는 사람'의 몫이랍니다. 서로 네 일이라고 미루고 있으면 우리 사회는 무너집니다.

솔직히 설명 문구를 써도 마케터가 훨씬 잘 쓰지 않겠어요? 고객들이 무슨 질문을 많이 하는지 파악한 다음 작은 것이라도 써봅시다. 고객 담당 부서에서 당신을 대하는 분위기가 달라질 거예요.

고객의 행동을 끌어내는 메시지 기술

위에서 예로 들었던 채널 톡, 카톡 같은 솔루션의 문제, '고객이 뭐라도 말을 걸어줘야 하는데 그러지 않아 상담이 되지 않는 경우'의 해결책을 고민해 봅시다.

막해팅 말고 마케팅

고객이 분명히 메시지를 받았는데 못받았다고 주장하는 이유가 뭘까요?

우리가 메시지의 홍수 속에서 살고 있는 것이 문제입니다.

혹시 요즘 공적인 업무 말고 문자메시지로 대화하시는 분 계신가요? 카톡이 대중화되면서 우리는 문자로 소통을 하는 일이 없어져 버렸습니다. 사실 카톡 이전에도 우리는 친구와 구구절절한 긴 대화를 나눌 때 전화를 하거나 네이트온 같은 메신저를 썼지 문자로 소통하지는 않았습니다.

문자라고 오는 것이 대부분 스팸이었거든요(김미영 팀장이 잘못했다).

문자 이전에는 이메일, 이메일 이전에는 편지가 그런 수순을 겪으면서 메인 커뮤니케이션 수단에서 탈락했습니다. 스팸메일이라는 말이 괜히 있는 게 아닙니다. 친구와의 다정한 대화 수단은 이제 업무 아니면 광고가 더 많은 창구가 되었습니다.

여담이지만, 그래서 요즘 시대에 손편지를 우편으로 보내면 진짜 잘 먹힙니다. 고객이나 친구들한테 써보세요.

현대의 대중적인 소통 매체인 카톡도 그런 전철을 밟고 있습니다. 쇼핑몰에 가입해도 카톡이 오고, 양말 한 켤레를 구매해도 카톡이 오고, 구매하고 한참 지나서 리뷰 써달라는 카톡이 옵니다. 아무것도 안 하면 뭐라도 사라고 카톡이 옵니다. 그녀의 카톡은 아무리 기다려도 안 오던데….

상황이 이러니, 사람들은 회사 이름으로 된 카톡 메시지가 오면 읽지도 않고 왼쪽으로 슥 밀어 지워버립니다! 제발 읽어보고 무슨 행동을 해달라고 울고불고 애원하고 명문장으로 담아내도 그 메시지를 읽는 행동조차 하지 않는 거예요.

이를 타파하기 위한 방법은, 자동 메시지를 그렇지 않은 척 보내는 것입니다.

두 예시 메시지를 한 번 비교해 봅시다.

[곶사슴 물산 접수 안내]
고객님의 상담 신청이 접수되었습니다. 상담을 원하시는 경우 고객님의 성함과 연락처를 채팅으로 남겨주시기 바랍니다.

(메시지를 남기시지 않는 경우 상담 신청이 진행되지 않습니다)

안녕하세요. 상담 신청을 보내주셔서 연락드려요.

곶사슴 물산과의 상담을 원하시는 경우, 본인 확인을 위해 이름과 연락처를 이 카톡방에 남겨주세요. 확인 후 바로 채팅 상담을 도와드릴게요.

고전적인 관점에서 보면, 두 번째 사례는 '예의 없는' 메시지가 됩니다.

정중한 인사도 없고, 안면을 튼 사이도 아닌데 친한 척 구

막해팅 말고 마케팅

어체를 썼죠. 하지만 메시지의 개시 형태를 달리하면 이야기가 극적으로 달라집니다.

[곶사슴 물산 접수 안내] 고객님의 상담 신청이 접수되…

안녕하세요. 상담 신청을 보내주셔서 연락드려요. 곶…

첫 번째 메시지는 누가 봐도 자동으로 송출된 시스템 메시지 같지만, 두 번째는 사람이 직접 타이핑해서 연락해 온 것 같은 느낌을 줍니다.

광고 문자와 불필요한 확인 텍스트의 공해에 지친 사람들은 첫 번째 게시글은 보지도 않고 지워버립니다. 이것은 고객을 유혹하는 마케터 입장에서 굉장히 심각한 문제입니다. 열심히 광고를 돌리고 이빨을 날려서 데려온 고객을 눈앞에서 잃어버리는 거예요.

그러니 우리는 메시지 하나를 쓸 때도, 접속사 같은 것을 신경 쓸 것이 아니라 고객이 얼마나 메시지를 '자연스러운 문장'으로 받아들일지를 염두에 두는 것이 좋습니다. 캐릭터나 사람을 표방한 프로필을 사용하는 것도 도움이 되겠죠.

다행히 고객의 행동으로 인해 발송되는 자동 메시지는 광고성 메시지와 다르게 광고 같은 말머리를 달 필요가 없기 때문에 자연스러운 문장으로 시작할 수 있어요.

아무튼 친절합시다

솔직히 저도 가끔 고객센터에 전화해서 '쌍'을 낼 때가 있습니다. 말도 안 되는 정책 때문에 내가 시간과 재물을 손해 보고 있는데, 화를 내지 않으면 문제가 해결되지 않는 경우가 많거든요. 요즘 세상은 가마니 앉아서 참는 사람을 호구로 만들어버리잖아요.

그런 상황에서도 실력 좋은 상담사가 공감해 주려고 노력해 주거나, 우쭈쭈 해주면 화내서 죄송하다고도 하고, 가끔 설득을 당하기도 하는데, 같이 짜증을 내거나 딱딱하게 나오면 분노 지수가 더더욱 치솟게 됩니다. 기름을 붓는 거예요.

아무리 고객 과실이고, 당최 안 되는 것이더라도 '고객님이 잘못하셨는데요'라면서 깐깐하게 나가지 말고 조금이라도 공감하는 척을 합시다. 우리는 '항의하려면 영어로 하셔야 한다'는 소리를 해도 알아서 잘 팔리는 애플이 아니에요.

말 한마디로 천 냥 빚을 갚는다고 하잖아요.

진짜로 세상이 그렇더라고요.

막해팅 말고 마케팅

항상 감사하십시오.

입장을 바꿔 생각해 봅시다. 왜 고객들이 그렇게 화가 나 있을까요? 간단합니다. 고객센터로 전화를 걸 때는 '뭐가 안 되어서 내가 손해를 보고 있는 상황'이기 때문이에요.

누구나, 어떤 손해를 입었을 때 그 사실에 대한 응당한 보상이나 적절한 조치, 대우를 받지 못할까 봐 두려워하는 마음이 있고, 그것이 분노라는 형태로 나타나는 겁니다.

살다 보면 말 한마디, 대답 하나 잘못한 것 가지고 '네가 그때 이렇게 말했잖아!'라면서 꼬투리를 잡고 늘어지는 인간 군상에게 잘못 걸려서 호되게 당하는 일도 많이 있잖아요. 내가 잘 모르고 불확실한 상황에서는 날이 서 있을 수밖에 없습니다. 슬픈 일이 아닐 수 없습니다.

이기호 작가는 『최미진은 어디로』라는 단편소설에서 서로가 피해를 입을까 봐 날 서 있는 상황을 이렇게 표현했습니다.

"때때로 나는 생각한다.
모욕을 당할까 봐 모욕을 먼저 느끼며, 모욕을 되돌려주는 삶에 대해서.
나는 그게 좀 서글프고, 부끄럽다."

우리 서로를 모욕하는 대화, 마케팅은 하지 말자구요.

☑ 이 정도만 알아가시면 충분합니다

- 고객 상담은 어렵지만 마케터로서 필요한 경험이다.
- 고객이 연락을 덜 하도록 관련 자료를 준비하면 모두가 편안
  해진다.
- 메시지를 보낼 때는 고객이 스팸으로 인식하고 무시하는 걸
  방지하자.
- 아무튼 친절하자.

막해팅 말고 마케팅

8
CTA 설정하기

고객의 다음 행동 유도하기

애써 모셔온 고객이 아무 행동도 하지 않고 나가는 것만큼
비극적인 일도 없습니다. 어떤 물건에 관심을 보였는지,
구매를 원한다면 어떤 행동을 해야 할지 알려주는 다양한 버튼과 장치들로
고객의 행동을 만들고, 추적하면서 기록으로 남겨야 합니다.

세상에는 예쁜 물건이 참 많습니다. 아무리 예쁜 쓰레기라
해도 어여쁜 물건들이 잘 진열된 소품 숍에 들어가면 마음이
몽글몽글해지면서 지갑이 활짝 열리게 되죠.

그런데 살다 보면 마음에 꼭 드는 물건이나 서비스를 발견
해도 현장에서 바로 구입할 수 없거나 도대체 어디에서 구입
해야 할지 도통 알 수 없는 것들이 생겨납니다. 아니면 지금
당장 필요가 없어서 구매를 미뤄두었다가 정작 구매하려는
순간, 어디서 다시 찾아야 할지 전혀 감이 오지 않는다거나.

내게로 오는 길 : 액션을 부르는 CTA

홈페이지에서 자사 제품이나 서비스를 어떻게 이용해야 하는지를 정확하게 알려주지 않는 회사는 생각보다 많습니다. 이는 보통 영업사원의 힘으로 운영되는 B2B 기업이나 안정적으로 일감이 수급되는 인하우스 계열사에서 많이 보이는 행보인데요. 관심이 있으면 연락을 달라고 하는데 이메일 주소만 덩그러니 있는 식이죠. 뭐 다른 정보가 있어야 궁금한 것도 물어보고, 상품 문의도 하는 번거로운 일을 할 텐데 말이죠.

요즘은 많이 줄어들긴 했는데, 인스타그램으로 물건을 파는 사람들도 그런 경우가 많았습니다. 안내 문구라던가 가격, 구매 방법 등이 잘 안내되어 있지 않아 댓글을 달거나 DM을 보내면 '인스타 공지 확인 매너 부탁드려요 🙏' 뭐 요런다던가.

이렇게 이용 절차나 관련 내용을 정확하게 알려주지 않는 서비스는 안면이 전혀 없는 신규 고객이나 협력사를 데려오기가 정말 어려워집니다.

물론 그러지 않아도 잘 되는 사람들도 있긴 한데, 사실 그런 사람들은 마케팅을 고민하지 않습니다. 이미 돈도 많고 고객도 많거든요 하지만 적어도 광고 등을 통해 고객이 찾아오

도록 유도하는 상황이라면, 유입된 고객이 다음 액션을 할 수 있게 정확하게 연결해 주어야 합니다.

가장 대표적인 행동은 '구매와 문의'겠지요. 구매는 커머스의 영역이고, 대부분 판매 플랫폼을 이용하기 때문에 차치하고, 여기서는 문의에 대한 내용을 중심적으로 이야기해 보겠습니다.

무언가에 궁금증이 생긴다는 것은 그만큼 관심이 있다는 뜻입니다. 유입된 고객, 그다음 행위를 하려는 고객이죠. 그렇다면 문의를 하는 방법은 어떤 것들이 있을까요?

- 매장 방문하기
- 전화하기
- 메일 보내기
- 채팅 문의
- 댓글 문의
- 게시판 문의
- 제품 페이지 질문 작성
- 회사 홈페이지 문의 신청 폼 작성
- 인스타 DM

이것 말고도 고객과 내가 만날 수 있는 콘택트 포인트의 종류는 지금도 나날이 다양해지고 있습니다. 문제는 사람마다 선호하는 방식이 다 다르다는 겁니다!

전화를 해야 직성이 풀리는 사람, 직접 만져보지 않으면 구매하지 않는 사람, 수줍어서 연락은 못하고 후기만 찾아보는 사람, 오랜 직장생활로 인해 콘택트 포인트로 구조화된 연락을 넣는 절차를 중시하는 사람 등등 성격과 상황에 따라 연락해오는 방식이 모두 다릅니다.

하나라도 더 팔아야 하는 우리는 이 모든 방법을 제시하면서 쉽게 찾을 수 있도록 구성해야 합니다. 전화를 지원하지 않더라도 전화를 하고 싶을 때는 이렇게 연락하라는 안내가 필요한 것이죠.

이처럼 '다음은 뭘 해야 해?'를 안내하는 것은 다양한 형태가 될 수 있겠지만, 트래픽 데이터를 수집할 수 있는 온라인 서비스라면 '버튼'이 될 겁니다. 이런 버튼들을 기획 쪽에서는 'CTA^Call to Action'라고 부릅니다.

CTA는 꼭 콘택트 포인트로 연결되는 버튼만을 의미하지는 않아요. 광고를 보고 연결되는 버튼도 CTA, 구매 전에 장바구니에 넣는 것도 CTA, 정보를 더 보기 위해 누르는 버튼도 CTA입니다. 한마디로 모든 추적할 수 있는 상호작용을 CTA로 인식하시면 됩니다.

CTA는 꼭 다음 행동을 안내하는 역할만을 하지는 않습니다. 고객의 행동을 모니터링하는 역할로도 사용이 됩니다.

대부분의 온라인 서비스에서는 고객의 행동을 트래킹 할 수 있는 장치를 제공하고 있어요. 온라인 쇼핑몰에서 쇼핑을 하다가 친구한테 공유하려고 주소를 복사하면 주소가 상당히 길게 표시되는 것을 본 적이 있으실 텐데요. 이 주소에는 고객이 어디서 유입되어 어떤 CTA를 타고 다니는지 등등의 정보가 담겨 있습니다.

마케터들이 어떤 광고를 보고 와서, 어떤 배너를 눌렀고, 그 다음에는 어떤 행동을 하고 있는지까지 쳐다보고 있는 거예요. 한 명 한 명을 일일이 감시하는 게 아니라, 그렇게 들어온 사람들의 수를 보는 겁니다.

이런 작업은 다시 서비스를 개선하는 데 활용됩니다.

위에서 말한 콘택트 포인트를 모두 관리하기는 어렵습니다. 연락할 수 있는 수단이 너무 많으면 고객들도 혼란스러울 겁니다. 5개 중 하나를 선택하는 것이 2개 중 하나를 선택하는 것보다 어려우니까요.

막해팅 말고 마케팅

그럴 때 사용자의 CTA 사용 데이터를 확인하면 경우의 수를 줄이는 데 큰 도움이 됩니다. 사람들이 채팅 상담에 더 많은 반응을 보인다면 이곳으로 유도하는 CTA를 더 크고 잘 보이게 배치할 수 있습니다. 사용자가 많은 루트가 다음 행동으로 넘어갈 가능성이 커지기 때문이죠.

이렇게 퍼널 구조상 다음 단계로 넘어가는 구멍을 넓히는 용도로서, CTA는 좋은 모니터링 장치가 됩니다.

여러 번 보아야 예쁘다, 내가 그렇다

안타깝게도 인간은 어떤 행동을 즉각적으로 보여주지 않는 동물입니다. 망설임 없이 자신이 원하는 대로 버튼을 누르고 돌진하는 개쌍마이웨이 고객은 흔치 않습니다. 보통은 '이게 맞나?'라면서 한두 번은 살펴요. 그러다가 나중에 더 알아보기로 하고는 3초 만에 까먹습니다. 우리 뇌가 그래요.

그래서 우리는 우리 제품이나 서비스를 여러 번, 반복적으로 노출해야 합니다. 광고도 여러 번 해야 하죠. 한 번 보고 클릭해서 구매까지 하는 사람은 별로 없습니다. 실제로 브랜드나 제품을 떠올리는 단계를 측정할 때는 광고의 노출 수와 빈도가 고려됩니다. CTA는 이와 같은 광고의 조절에도 활용이 됩니다.

하지만 여러 번 보여줘야 한다면서 모든 사람들이 인식할 때까지 광고를 하고 있으면 광고비가 천문학적으로 깨질 거예요. 특히 퍼포먼스 광고를 한다면 더욱 그렇죠.

우리 홈페이지에 들어와서 CTA를 통해 어떤 행동을 한 고객에게만 광고를 노출한다면 어떨까요? 퍼포먼스 마케터라면 조금 제한적일지라도 그들을 따로 분류할 수 있는 도구를 가지고 있습니다. 메타(구 페이스북)의 경우 페이지에 '픽셀'이라는 코드를 심어 버튼별로 행동 성격을 설정하고, 구글 애널리틱스는 한술 더 떠서 페이지 스크롤을 내린 정도까지 트래킹이 가능합니다.

처음 설정이 조금 복잡해서 그렇지 익숙해지면 원하는 타깃에게, 원하는 메시지를 담은 광고를 노출할 수 있으며, 결과적으로 마케팅 비용을 크게 아낄 수 있습니다.

이렇게 한 번 유입되거나 반응을 보였던 고객에게 다시 한 번 노출되도록 설정하는 광고를 '리타깃 광고'라고 하며, 요즘 온라인 마케팅에서는 필수적으로 수행해야 하는 작업이 되고 있습니다. 최초 유입을 위한 광고와 한 번 인지한 고객을 위한 광고가 따로 운영된다면 금전적인 효율이 훨씬 좋겠죠?

막해팅 말고 마케팅

CTA 고민하기 전에 콘텐츠부터

CTA가 아무리 유용하다 한들, 버튼만 있다고 해서 클릭하고 행동하지는 않습니다.

모든 CTA는 제대로 된 콘텐츠가 있을 때 정상적으로 작동합니다.

앞선 장에서도 리뷰의 중요성을 열심히 설명했습니다. 배달 플랫폼으로 장사하는 사장님들은 별 다섯에 미쳐있고, 매장을 운영하는 사장님들은 블로그 후기 알선업체를 통해 체험단을 모집해 무료로 서비스를 제공하며 광고 글을 늘립니다.

그런데 서비스 제공자들은 리뷰에는 그렇게 혈안이 되어있으면서 서비스를 제대로 설명하는 행동은 잘 하지 않습니다. 설명이 부족해서 고객들이 리뷰를 찾는 건데도 말이죠.

음식점을 예로 들어볼게요. 지도 앱이나 배달 앱으로 음식점을 검색하면 판매하는 음식의 모양을 잘 보여주지 않는 집들이 있어요. 그나마 짧게라도 설명이 되어있으면 양반입니다. 돈까스와 특돈까스가 있는데 무슨 차이인지 설명이 안 되어있다면 이게 양이 더 많다는 것인지, 고기가 다르다는 것인지 고객 입장에서는 알 수가 없게 됩니다.

사람들은 그럴 때 리뷰를 찾아봅니다. 리뷰 속 사진이나 설명을 보고 깨닫는 거죠. 그런데 그 리뷰에 '이렇게 생겼는데 맛은 없고 사장님도 불친절했어요'가 섞여 있다면 어떨까요? 고객이 방문 직전에 그것을 확인했다면? 다급히 행선지를 바꾸겠죠.

리뷰는 쌓일수록 파괴적인 힘을 발휘하지만, 긍정적인 리뷰가 쌓이기까지는 상당한 노력과 관리, 시간이 소요됩니다. 긍정적인 리뷰보다 악질적인 리뷰가 먼저 등장하는 불상사가 생길 수도 있죠. 그러니 사람들이 리뷰를 찾아보기 전에 우리가 먼저 자세한 내용을 제공하면서 궁금증을 해결할 수 있도록 시스템을 만들어야 합니다.

콘텐츠 퀄리티가 높으면 다른 데 안 갑니다. 못 미더우니까 리뷰를 찾아보는 거예요.

리뷰를 예로 들었지만 CTA를 고민하기 이전에, 그 CTA가 제대로 작동하기 위해 고객에게 제대로 된 설명을 하고 있는지는 반드시 고민해야 합니다.

골을 넣기 위한 최후의 발악, 프로모션

마케팅 일선에서 아무리 열심히 광고하고 콘텐츠에 신경을 써도 CTA 버튼을 누르지 않는 단계에 봉착하게 됩니다.

제품 자체가 생소하거나 매력이 떨어질 수도 있겠고, 가지고 있는 가치에 비해 가격이 높을 수도 있습니다. 강력한 경쟁자가 등장했다거나 소비심리가 위축되는 등 시장의 흐름도 무시할 수 없죠.

그래도 우리는, 하나라도 더 팔아야 합니다. 우리 일이라는 게 인지도를 높이고, 유입을 아무리 늘려도 구매가 없다면 아무것도 안 한 사람이 되는 일이니까요. 특히 재고 관리가 필요한 제조/판매업의 경우, 물건을 온전한 상태로 보관하는 것 또한 비용이기 때문에 손해를 보더라도 빠르게 덜어내는 것이 폐기보다 싸게 먹혀서 눈물의 땡처리를 진행하게 됩니다. 그래서 저는 마트는 밤에만 가요.

이렇게 특정 목적을 달성하기 위해 내 살을 깎아내리는 캠페인을 '프로모션'이라고 합니다. 구매자에게 혜택을 추가로 준다거나, 할인을 해주는 등 우리가 가져갈 이익을 어느 정도 포기하면서 고객을 유치하는 행동들이죠.

하지만 프로모션은 어쨌든 제 살을 깎아 먹으면서 진행하는 것이기 때문에 조심해서 접근하는 것이 좋습니다. 너무 잦은 할인은 '제값에 물건을 사는 사람이 바보'라는 프레임에 갇혀버릴 수 있으며, 가격이 너무 낮다면 '싸구려'라는 인식이 생기기도 합니다. 지난주에 정가에 샀는데 왜 이번 주에 할인하냐며 차액을 돌려달라거나, 프로모션을 중단하라는 진상 고객도 상대해야 합니다. 세상엔 이상한 사람이 참 많습니다.

그런 것을 피해 요즘 잘 먹히는 프로모션 기법은 '한정'입니다. 특정 기간 동안, 또는 선착순이 아니라면 구매를 할 수 없게 만들어버리는 방법인데요. 이 방법이 일반적인 판매보다 더 많은 판매를 보장한다는 사실이 속속 밝혀지면서 시대는 '대 한정 시대'로 접어들게 됩니다.

'언젠가 살 것'이 '지금 아니면 못 사는 것'이 되어버리는 것이니까요. '핫딜'이나 '한정판'이라는 이름은 어찌나 매혹적인지.

CTA를 통해 걸러진 관심 고객에게만 혜택을 주는 방법도 유효합니다. 쇼핑몰의 장바구니에 물건을 넣어놓거나 물건을 '찜'한 고객만을 대상으로 할인 혜택을 주고, 그 혜택에 유효 기간을 주면 고객이 발을 동동 구르다가 구매 버튼을 누르게 됩니다.

하지만 프로모션이라는 기술은, 너무 자주 쓰면 미래의 가

막해팅 말고 마케팅

치를 당겨서 쓰는 꼴이 되므로 미리 다 써버리는 실수를 범하
지 않아야 하는 점을 알아둡시다.

심리를 지배하는 자

인지/고려 단계의 마케팅은 고객과 밀당을 하는 것과 같습
니다. 너무 밀거나 너무 당기지 않아야 판매자와 고객 모두가
만족하는 딜이 완성됩니다. 고객의 열망을 건드리는 매력적
인 콘텐츠와 버튼을 덫으로 놓고, 한 사람 한 사람 잡혀 들어
오기를 기다립시다.

그러기 위해서는 상대가 어떤 상황에 처했으며, 왜 이 물건
을 찾는지를 생각해야겠죠. 고객에 대한 이해가 되었다면, 그
들의 마음을 이용하는 장치를 만드는 과정은 조금 더 쉬워질
거예요.

☑ 이 정도만 알아가시면 충분합니다

- 광고로 사람을 끌어왔으면 그다음에 뭘 해야 하는지를 확실 하게 알려줘야 한다.
- 그 역할을 하는 버튼이나 시스템을 CTA(Call to Action)이라 고 한다.
- CTA를 버튼이라고만 생각하지 말고 콘텐츠나 프로모션을 통 해 행동을 유도하는 장치라고 이해하자.
- 한 번 보고 바로 행동하는 사람은 없으니 콘텐츠도 잘 만들고 반복해서 보여주자.
- 프로모션 같은 수단을 써서 최종 결과로 넘어가는 길을 매력 적으로 만들자.

막해팅 말고 마케팅

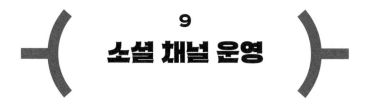

9
소셜 채널 운영

오가닉 트래픽 만들기

소셜 채널을 운영한다는 것은 넓은 벌판에 씨앗을 뿌리는 것과 같습니다.
아무리 열심히 뿌려도 온도, 습도, 토양이 맞지 않으면
열매는커녕 싹조차 볼 수 없는 냉혹한 환경 속에서,
우리는 소셜 채널과 콘텐츠를 통해 무엇을 기대할 수 있을까요?

요즘 기업들은 SNS를 운영하는 것이 필수가 되었습니다. 인스타그램이든 유튜브든, 하다 못해 블로그라도 뭔가 운영하지 않으면 시대에 뒤떨어진 회사가 되는 느낌을 받게 되었죠. 이쪽 분야에서 성공한 사람들, 특히 커머스 분야에 있어서는 소셜 미디어의 활용이 가진 파괴력이 어마어마하니까요.

특히 페이스북의 태동기에 시대를 잘 얻어탄 브랜드들이 전체 마케팅 시장에 미친 영향은 무시무시했습니다. 모두가 '좋아요'와 우호적인 댓글을 끌어모으기 위한 콘텐츠를 만들

기 위해 혈안이 되어있었죠. 지나고 보면 다 쓸데없는 숫자인지도 모르고.

하지만 어떤 채널을 운영한다는 일은 만만히 볼 일이 아닙니다. 주기적으로 글을 쓰고, 그에 맞는 이미지를 만들거나 찾아내고, 콘텐츠에 보이는 반응에 호응도 해줘야 하죠.

무엇보다 어려운 일은 아무도 보고 있지 않은 것 같은 허허벌판에 내 콘텐츠를 지속적으로 실어 보내는 것입니다. 이는 너무나도 허망하며, 늘 뭔가를 하고 있지만 상사가 보기에 내가 일을 안 하거나 제대로 못하고 있다고 생각하는 상황이 너무나도 쉽게 만들어집니다.

잘 만들어 보겠다고 시간을 많이 쓰면 중요한 일에 집중 안한다고 뭐라 그러고, 대충 만들어 뿌리면 퀄리티 낮아서 브랜드 이미지 나빠진다고 뭐라 그러고, 그래서 안 하면 안 해서 난리인 것이죠.

마케터 입장에서 소셜 마케팅은 ROI가 무척 떨어지는 일입니다.

콘텐츠가 흥하고 망하는 것은 퀄리티보다는 운에 맡겨지는 경우가 많습니다. 특히 요즘은 콘텐츠가 흥행하는 이유를

'알 수 없는 알고리즘의 힘'이라 표현하듯, 언제 어디서 어떻게 뭐가 터질지 모르는 일이 다반사입니다.

그리고 회사 채널을 그렇게 뚝심 있게 운영하다가 '대박'을 낼 수 있는 사람이라면, 그것도 의도한 대로 성과를 만들 수 있다면, 십중팔구 개인 채널을 운영하러 가겠죠. 요즘 '어린 것들'은 남을 위한 성공을 만들어내는 것보다는 나의 성공신화를 만들어나가는 것에 더 관심이 많습니다. 높으신 분들은 그걸 모른다니까요.

높으신 분들은 '뭘 어떻게 해야 할지 잘 몰라서' 소셜 미디어에 열광하고, 우리도 그 주인공이 되고 싶어 합니다. 소셜 미디어의 개인적인 속성(허세, 있는 척 등등)은 기업에도 그대로 이어집니다.

여하튼 참 귀찮은 게 소셜 미디어지만, 나를 알리기 위한 광고, 홍보 채널 말고 또 다른 관점에서도 접근해 볼 필요는 있습니다.

회사는 고객과의 소통을 원한다

회사는 고객과 끊임없이 소통하고 싶어 합니다. 특히 시장의 반응이 뭐라도 있어야 살아남는 스타트업 같은 곳에서는 고객이 작은 관심만 줘도 거기에 하루 종일 기분이 좋거나 나빠지곤 합니다. 참 휘둘리기 좋은 상태의 먹잇감입니다.

소셜 미디어의 첫 번째 특징은 내가 원하든, 원치 않든 고객의 반응을 확인할 수 있다는 점입니다. 콘텐츠에는 '좋아요'나 '댓글' 등 고객이 참여할 수 있는 요소들이 있는데, 이 숫자와 반응을 통해서 내가 가고 있는 길이 옳은 길이라는 확신을 얻을 수 있습니다.

두 번째 특징은 '메시지 전달'입니다. 홍보 편에서 이야기했듯, 어떤 메시지를 던졌을 때 누군가가 그 메시지를 캐치하기는 쉽지 않습니다. 문자메시지나 메일은 이미 스팸의 왕국이 되어 누구도 자세히 읽지 않는 매체가 되었고, 보도자료는 아주 자극적이거나 관심 있는 사람이 아니고서야 검색하지 않으면 접근조차 못하는 경우가 많습니다.

이 시점에서, 회사의 메시지나 여론을 만들기에 가장 강력한 힘을 발휘하는 것은 SNS입니다. 적어도 나를 '좋아요', '구독', '알림설정'한 고객이라면 내가 전하는 메시지가 돌고 돌아 언젠가 나에게 이로운 영향을 발휘할 것이라 믿고 싶은 것이겠지요.

세 번째 특징은 열렬한 팬이 모여있(다고 믿)는 곳이라는 것입니다. 회사는 언제나 열렬한 팬을 원합니다. 회사는 법인, 말하자면 하나의 인격체이며, 인간이라면 누구나 성공해서 인정받으며 사랑받고 싶어합니다.

내가 뭔가 실수를 해서 모두가 죽일 듯이 달려올 때 나를 두둔해 주는 팬 하나가 있는 것만으로도 다시 일어날 힘을 얻을 거구요. 지금 성과가 나쁠지언정 앞으로 나아갈 힘을 얻을 거예요.

그리고 팬을 끌어들이면서 그들의 덕심을 유지시켜주는 데는 SNS 만한 것이 없습니다.

허망한 꿈일 뿐

맞습니다. 위의 얘기는 모두 사실 허황된 꿈이죠. 어느 기업의 팬은 쉽게 생기지 않으며, 있다 한들 회사는 팬의 존재를 놀라울 정도로 쉽게 잊어버립니다. 대부분의 회사들은 열렬한 지지를 보내는 고객들을 '잡은 물고기' 취급합니다. 언제나 더 많은 물고기를 원하기 때문에 잡은 물고기에게 열과 성의와 '돈'을 쓰는 것을 극도로 경계하죠. 왜 핸드폰을 바꿀 때 통신사 번호이동에 혜택이 더 많겠어요.

이런 상황 속에서 마케터는 정신을 똑바로 차리고 지금 내가 가질 수 있는 것, 그리고 회사가 성장하는 것과 팬을 확보하는 것 사이의 절묘한 밸런스를 맞춰야 합니다.

그렇게 작금의 SNS 마케팅은, 위에서 말한 팬덤이니, 메시지니 모든 것을 넘어서 그냥 '콘텐츠 마케팅'이라는 하나의 장르가 되어버렸습니다. 쓸데없는 것을 줄이고, 고객은 필요한 것만 취한다는 냉정한 스탠스가 바람직한 형태의 마케팅이 되어버린 것이죠. 차가운 자본주의 세계입니다.

목적은 확실하고 명확하게

그러니 우리가 소셜 채널을 다루는 이유는 보다 명확해야 하며, 컨트롤할 수 없는 부분에서 일어날 일을 기대하지 말아야 합니다. 아울러 그 영역에서 행운이 일어났다고 해서 그것을 나의 실력이라고 착각하는 실수를 하지 말아야 합니다. 거품은 순식간에 꺼집니다. 운에 맡기지 말라는 뜻이에요.

막해팅 말고 마케팅

제가 생각하는 요즘의 SNS 운영, 혹은 콘텐츠를 쌓는 용도
는 다음과 같습니다.

1. 롱테일 키워드 잡기

롱테일과 파레토라는 개념을 아시나요? 우리 사회의 소비
를 분석해 보면 대부분 8:2의 법칙을 따른다는 이론입니다.

'파레토'는 '상위 20%가 전체의 80%를 차지하는 현상'을
말합니다. 가장 흔한 예로 백화점을 생각하면 됩니다. 백화점
의 VIP 고객들은 우리 같은 서민들과 소비의 궤를 달리합니
다. 명품 브랜드에서 소위 '컬렉션'을 만들면 진짜로 그걸 컬
렉팅하는 사람들은 상위 20%에 해당할 것이며, 그 브랜드 매
출의 80%를 책임지겠죠.

'롱테일' 이론은 그 반대입니다. '하위 80%의 상품이 상위
20%보다 훨씬 큰 시장을 가지고 있다'는 믿음에 기인합니다.
이 이야기를 언급한 것은 미국 쇼핑몰 아마존이고, 우리나라
의 쿠팡이든 11번가든 쇼핑 플랫폼에서는 대체로 이 법칙이
적용됩니다.

파레토와 롱테일은 내가 어느 지점에 서 있고, 어느 고객을
상대하느냐에 따라 다르게 취해야 하는 전략입니다. 그런데
이 책을 읽고 있는 대부분의 독자들은 아무래도 후자일 것 같

군요. 이미 VIP를 가지고 있는 상위 업계 마케터라면 이런 하위 80% 마케터의 이야기를 진지하게 듣지 않을 테니 말이죠.

⋯ 읽어주셔서 감사합니다.

다시 본론으로 돌아와 콘텐츠 마케팅은 이런 롱테일 키워드를 잡기에 최적화되어 있습니다.

우리가 뭔가가 궁금하면 검색을 하는데, 흔하고 평범한 단어로 검색하면 너무 많은 광고가 나오고, 원하는 정보에 닿지 못할 가능성이 높기 때문에 더 세세하게 검색을 하게 됩니다.

예를 들어 국내 여행을 한다고 치면 '국내 여행'으로 검색하지 않고 '속초 1박 2일 여행 추천 장소' 뭐 이런 식으로 세세한 지역과 일정 등이 포함된 검색을 하겠죠.

그러면 검색엔진은 그들의 정확도를 자랑하기 위해 그 모든 것이 담긴 콘텐츠를 상단에 밀어넣어 줍니다.

즉, 어떤 단어가 되었든 우리 고객이 될 상황이다 싶은 단어는 콘텐츠에 모조리 때려 박아야 한다는 뜻이 됩니다. 팬이고 뭐고 만나지 못하면 상호작용이 일어나지 않거든요.

2. 내/외부 참고용 콘텐츠

고객 응대 파트에서 고객이 궁금해하는 것들을 미리 작성

막해팅 말고 마케팅

해 놓으면 고객 상담 부서도 좋아한다고 말씀드렸습니다. 그러면 이제는 이걸 재활용해 회사가 운영하는 채널에 올려보세요. 그럼 검색에 걸릴 가능성도 높아지고, 제품에 관심있는 사람이 더 자세히 알아보는 기회가 될 수 있습니다.

콘텐츠 하나 올린 것으로 '오늘 일은 다 끝냈다'는 보람을 느낄 수도 있습니다. 그리고 고객 입장에서도, 또는 우리 회사에 입사를 준비하는 취준생 입장에서도 이 회사가 뭐라도 하려고 준비를 많이 하고 있다는 인상을 줄 수도 있답니다.

3. 인플루언서 활용하기

인플루언서 마케팅은 솔직히 어렵습니다. 인물을 섭외하고 우리의 특장점을 안내한 다음, 이를 소재로 한 콘텐츠를 제작해 당신의 채널에 올려달라는 일련의 프로세스를 진행하다 보면 온갖 기상천외한 일들이 발생합니다.

직접 겪은 인플루언서 마케팅의 실사례

- 물건 받은 사람이 실종된 사례
- 사실과 다른 이야기를 작성함, 이에 수정 요청을 하니 실종된 사례
- 제품 이야기를 요청했으나 전혀 상관없는 본인 이미지와 이야기만 하는 사례

- 협의 중 '나는 당신의 제품/서비스에 관심 있어서 하는 것은 아니다' 라고 당당하게 말하는 사례 (이런 이유로 계약 직전에 취소했으나 본인은 이유를 모름)

이렇듯 인플루언서 마케팅은 관리하기도 힘들고, 10번에 한두 번 정도만 성공하는 것 같습니다. 그런데 생각해 보면 내가 직접 제작하는 콘텐츠의 타율도 그 정도 되지 않을까요? 어쩌면 콘텐츠를 쥐어 짜낼 시간에 인플루언서 마케팅으로 외주를 돌리는 것이 시간이나 금전적으로나 효율적일 수 있습니다. 모든 일은 케바케.

인플루언서 마케팅의 또 다른 장점은 노출되는 콘텐츠 수가 많아진다는 것입니다.

SNS는 하나의 채널은 한 번에 하나씩만 노출되는 특성이 있는데요, 여러 사람이 하나의 주제로 떠들게 만드는 것이 브랜드 입장에서는 검색 결과상 도움이 될 가능성이 높습니다.

다양한 인플루언서 섭외 툴과 서비스들이 있고, 이용하기도 비교적 쉬운 편입니다. 솔직히 관리가 잘 되는 것 같지는 않지만 한번 이용해 보고 '이런 느낌이구나' 파악한 뒤에 괜찮은 인플루언서를 직접 섭외해 보는 것도 좋습니다.

인플루언서들 역시 항상 광고주를 찾고 있답니다.

막해팅 말고 마케팅

광고주가 직접 연락하면 좋아해요. 약간 기자들에게 연락하는 것과 비슷합니다.

단, 인플루언서 마케팅을 할 때는 어떤 식으로 광고를 진행할 것이며, 제품/서비스를 어떤 식으로 노출할지는 진지하게 고민하셔야 합니다. 아무도 안 보고 인식조차 못하는 스폰서 광고에 돈을 날리지 마세요.

오가닉, 말 그대로 농사를 짓는 기분으로

계속 반복해 말하지만, SNS를 활용한 콘텐츠 마케팅은 단기간에 어떤 결과를 내기 어려운 종목입니다. 만약 예상대로 콘텐츠를 빵빵 터뜨리는 사람이면 개인 채널을 운영하지 회사에서 마케팅 일을 하고 있지 않지요.

회사에 어울리는 톤 앤 매너로, 천천히 하나하나 쌓는다는 느낌으로 운영하세요. 언젠가 그것에 영향을 받은 고객이 생겨납니다. 마치 식물을 키우는 것과 같습니다. 식물은 쳐다보고 있다고 기대에 부응하기 위해 빨리빨리 자라지 않지만, 며칠 신경 안 쓰고 있다보면 새잎이 나오거나 열매가 열릴 때가 있잖아요.

막해팅 말고 마케팅

'오가닉, Organic'이라는 말처럼 느리기에 Organic 마케팅이라고 불린답니다. 성질 급한 사장들로부터 내 콘텐츠를 보호하고 조금씩 키우는 재미를 가져봅시다.

추가로, 콘텐츠는 만드는 사람 취향껏 만드세요.
그래야 꾸준히 합니다.

☑ 이 정도만 알아가시면 충분합니다

- SNS 마케팅은 관리/콘텐츠의 중간지점을 찾기가 참 어렵다.

- 소통이 일어날 것을 전제로 하자.

- 롱테일 키워드로 유입될 수 있도록 하자.

- 따라서 콘텐츠에 주요 키워드를 반복해서 쓰자.

- 내가 직접 못하겠으면 인플루언서라도 쓰자.

데이터편

X

흐름을 읽는 기술

마케터에게 데이터를 보는 기술은 이제 필수가 된 것 같습니다. 하지만 데이터를 보면 뭐 어쩔건가요?

데이터를 보는 이유는 생각하지 않고 무작정 공부부터 시작하면 현타를 느끼기 쉽습니다. 데이터 구조형에 대해 공부하고, SQL이니 R이니 그것을 다루기 위한 기술을 공부하다 보면 이것을 배워서 써먹는 것은 또다른 문제라는 것을 깨닫게 됩니다.

'데이터'라는 것은 미래를 예지할 수 있는 어떤 종류의 물건이 아니라 과거부터 지금까지 일어났던 현상을 보다 정확하게 말해주는 기록입니다.

같은 역사라도 해석한 사람에 따라 다르듯, 내가 이것을 'A'라는 관점에서 바라보면, A라는 논리에 힘을 실어주고, 'B'라고 생각하기 시작하면 역시 B의 관점에서만 해석하게 됩니다. 지금 이 순간에도 데이터는 계속 쌓이고, 실시간으로 변화

막해팅 말고 마케팅

하기 때문에 어제 얻은 깨달음이 오늘은 쓸모 없어지는 현상도 발생합니다.

그렇게 어렵고 시시각각 변하기까지 한다면, 데이터는 뭐에 쓰는 걸까요?

현재를 이해하고 앞으로 올 것을 대비하는 데 쓰입니다.

내가 진행하는 프로젝트가 잘 굴러가고 있는지, 성과가 어땠는지는 느낌으로도 알 수 있지만, 데이터를 뜯어볼 때 비로소 명확한 상태와 인과관계를 알 수 있게 됩니다.

그리고 다시 처음으로 돌아가, 다음 행동을 기획할 때 임기응변으로 때우는 것이 아니라 정확한 행동을 설계할 수 있도록 도와주죠.

데이터는 흐릅니다. 그리고 그 흐름을 잡아 분석하는 것이 마케터의 역할입니다.

이 장에서는 유동적으로 흘러가는 데이터를 어떻게 볼 것인지 정의하고, 그것을 보는 방식들에 대해 이야기하려고 합니다. 어떤 상황일 때 데이터가 필요한지와, 어떤 데이터를 보는 게 중요한지 생각하는 것을 이야기합니다. 데이터를 다루는 데 있어 무엇을 중점적으로 봐야 하고, 사람들에게 어떻게 전달할지에 대한 고민을 해보자구요.

SQL이나 프로그래밍을 다루거나 데이터 자동화 기술을 사용하는 방법은 안내하지 않을 겁니다. 그건 책 한 권으로 해결할 수 없는 지식이거든요. 데이터를 보는 방식이나 방법은 천차만별이며, 업종이나 시스템에 따라 달라지므로 그에 맞는 자료를 찾아보시기 바랍니다.

막해팅 말고 마케팅

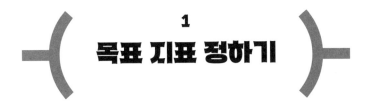

1
목표 지표 정하기

은밀한 지표는 필요 없는 지표

분석하기에 앞서, 지금 가지고 있는 숫자들은 무엇인지,
분석을 통해 얻고 싶은 숫자가 무엇인지
정확하게 알고 시작하는 것이 좋습니다.
명확한 목표를 정하고 공유하면 데이터를 통해
전략을 만드는 과정이 쉬워집니다.

마케팅은 같은 곳을 보는 것

프랑스의 대문호 앙투안 드 생텍쥐페리는 '사랑은 마주 보는 것이 아니라 같은 방향을 보는 것'이라 표현했습니다. 광고 카피로도 쓰인 이 문구는 '사랑'이라는 단어를 떼어놓고 보아도 많은 것을 시사하는 미래지향적인 문장이죠.

특히나 마케팅의 경우 마케터가 바라보는 방향과 회사 임원들이 바라보는 방향이 다를 때 거대한 비극을 만날 수 있습니다. 심한 경우 최종적으로 '한 일이 없는 사람' 취급을 받기도 한답니다.

단순히 목표를 정하고 합의하는 것만으로는 부족합니다. 사람은 각자 다른 생각을 하면서 살고, 또 자주 까먹기 때문에 나중에 '아니, 제 말뜻은 그게 아니었는데'와 같이 다른 말이 나올 가능성이 높습니다. 일단 나부터 목표를 까먹거나 이상한 길로 샐 가능성이 높구요.

그리하여 우리에겐 '지표'가 필요합니다.

지표를 잡고 들어가면 논리와 효율 면에서 큰 이익을 볼 수 있습니다.

앞서 계속 설명드렸던 것처럼 마케팅은 정말이지 다양한 방향과 방법이 가능한 분야입니다. 그렇기에 지표를 미리 정해두지 않으면 내가 한 행동의 이유를 설명하기 힘들 때가 많습니다.

명확한 지표는 업무 효율에도 도움이 됩니다. 내가 야근까지 해가면서 어떤 업무를 한 이유가 무엇이었으며, 그것이 어떤 결과로 나타났는지 관찰하지 않는다면 당신의 시간과 노동력을 허공에 뿌리는 행위를 한 셈이 됩니다. 목표가 명확할수록 어떤 업무는 '그렇게까지 할 필요는 없다'는 사실을 섭

막해팅 말고 마케팅

게 캐치할 수 있으며, 더 중요한 일을 우선시하는 데 큰 도움이 됩니다.

마케터는 별의별 업무를 다 하게 되잖아요. 그렇다 보니 내가 지금 뭘 하고 있는지도 모르겠고, 커리어에서 엄청나게 손해를 보고 있는 느낌도 항상 받게 되는데, 핵심 지표를 정해 놓는다면 내가 하는 행동의 이유를 빠르게 찾을 수 있어 정신 건강에도 이롭습니다.

우리의 시간은 한정적이며 무조건 열심히, 많이 하는 것이 일을 잘하는 것은 아니라는 것을 항상 생각합시다.

이제는 우리가 숫자와 친해져야 할 시간

지표를 구성하는 숫자는 다루기 어렵지만 그만큼 강력한 대화수단이 됩니다. 중·고등학교 때 수포자였다 하더라도 마케터의 길에 들어선 이상 숫자와 친해지셔야 합니다. 마케터가 친숙해져야 하는 숫자들에는 어떤 것들이 있는지 알아봅시다.

1. 최종 목표 수치

가장 중요하면서도 복잡한 숫자입니다.

회사의 성장 단계나 수익구조에 따라서 다양한 지표를 목표로 둘 수 있겠는데요. '커머스'라면 '매출과 이익'이 중요한 지표가 될 것이고, 새로 시작하는 '스타트업'이라면 '서비스 이용자 수'가 가장 중요한 지표가 될 것입니다. 게임으로 대표되는 '앱 서비스'는 'MAU, DAU(매월, 매일 이용자 수)' 등을 주요 지표로 활용하기도 해요. 사실 '최종' 지표이기 때문에 일개 직원이 정할 수 있는 문제는 아니고, 회사에 따라 수시로 변동되는 지표입니다.

대표의 의사와는 관계없이 투자자의 입김에 의해 변동되기도 합니다. 그렇기 때문에 내부적으로 최종 목표(지표)가 어떤 것인지 합의를 보았다고 하더라도 마케팅 과정에서 만들고 확인할 수 있는 숫자들은 모두 기록하면서 버리지 말고 가지고 있는 것이 좋아요.

우리는 대표뿐만 아니라 다양한 이해관계로 얽혀 있는 회사 사람들의 목소리에 귀를 기울이고, 역으로 최종 목표를 바꾸자는 제안도 할 수 있는 마케터가 되어야 합니다.

2. 예산 수치

광고 대행사 등과 미팅을 가지면, 가장 먼저 물어보는 게 '예산'입니다. 그들의 수익과도 연결되는 문제이기도 하지만, 예산에 따라서 할 수 있는 것들이 크게 달라지기 때문입니다. 그래서 얼마 이상의 예산을 쓰지 않는 회사라면 거래하지 않으려는 대행사들도 상당히 많답니다.

마케팅 부서가 돈을 쓰지 않는다면 고객을 만날 가능성도 그만큼 줄어듭니다. 제품이나 서비스가 아무리 좋고 선한 영향력을 발휘한다고 해도 그 사실을 사람들이 모른다면 입소문이 날 때까지 버티는 시간이 고통으로 가득 찰 것입니다. 어쩌면 회사의 셔터를 내리는 순간까지 입소문이 안 날 수도 있어요.

문제는 돈을 쓴다고 해서 무조건 수익이나 목표로 연결되는 것은 아니라는 것입니다. 그래서 마케팅 부서는 대체로 '돈을 벌어오는 부서'가 아니라 '돈을 쓰는 부서'로 인식될 때가 많습니다. 조금 억울하지만 마케터가 자조적으로 그렇게 말하는 것이 현실입니다.

마케터가 존재하는 이유는 돈을 쓰는 것이 아니라 예산이 쓸데없이 새어나가는 것을 방지하는 효율적인 방법을 찾기 위함입니다. 돈을 얼마나 벌지는 결정할 수 없어도, 돈을 얼마나 잃을지는 스스로 결정할 수 있습니다.

그리하여 마케터는 회사가 어디에 얼마나 돈을 쓰고 있고, 전체의 얼마까지 쓸 수 있으며, 어떤 효율을 내고 있는가를 명확하게 알고 행동해야 합니다. 이 부분에 도움을 받고 싶다면 경영지원 사람들과 친해집시다. 싫어도 같이 할 수밖에 없습니다.

3. 마감시간

마케터의 일은 대부분 데드라인이 모호해질 때가 많습니다. 경영진을 비롯해 많은 사람들이 칼같이 정리된 데드라인과 그 사이사이의 업무 보고를 원하지만, 현실은 정말이지 뜻대로 굴러가는 것이 하나도 없습니다. 이는 대체로 거래처나 플랫폼이 내가 원하는 대로 움직여주지 않기 때문에 발생하게 됩니다.

광고의 경우 오픈부터 목표 회수까지의 시간을 장담할 수 없는 특징이 있습니다. 특히 광고가 디지털 위주로 전환되면서 광고 플랫폼에는 '머신러닝 기간'이라는 것이 생겼는데요. 플랫폼은 우리 광고를 보고 클릭하거나 반응하는 사람을 찾아가는 과정이라고 설명하지만 이게 어떤 알고리즘으로 작동하며, 얼마나 시간을 잡아먹는지 알려주는 플랫폼은 지금까지 보지 못했습니다.

작동이 안 되는데요? — 머신러닝이 필요합니다.
갑자기 안 되는데요? — 아, 설정이 바뀌어 머신러닝을 하고 있는 모
양입니다.

대충 이런 식이죠.
머신러닝이라는 상태에서 한 달을 기다려도 성과는 없고,
여전히 고객층을 찾고 있다는 답변을 들을 때도 있답니다.
그리고 대부분의 마케터 이외의 직종들은 이 사정을 이해하
지 못합니다. 마케터도 이해가 안 되는데 다른 사람은 오죽
할까요.
좋은 마케터라면 이런 예상치 못한 시간까지 계산해서 '기
다, 아니다'라는 결론을 낸 뒤 빠르게 방향을 전환하는 결단력
이 필요합니다. 사실 실무를 보면서 이런 것까지 관리하기는
쉽지 않죠. 그래도 해내야 합니다. 마케팅 외에도 모든 일이
그래요. 기다리기만 하다가 모든 것을 잃을 수도 있으니까요.

막해팅 말고 마케팅

결국은 효율의 문제

정리하자면, 나 또는 회사가 '정해진 기간 내에 어떤 효율을 내고 있는가'가 마케팅 업무의 핵심이라고 할 수 있겠습니다. 우리는 이를 위해 다양한 전략을 생각하고, 크리에이티브를 짜며 고객을 만나고 있죠.

이 책에서 지속적으로 설명하는 마케터의 다양한 수치들. ROI, CPC 등은 모두 이것들을 설명하기 위한 숫자들이랍니다.

그 밖의 숫자들은 사실 작은 회사에서 쳐다보기 어려운 숫자들이고, 개인마다 다르게 받아들이는 영역이기도 해요. 지금까지도 유효하게 먹히는 '문학적 감성' 영역은 많은 젊은이들에게 마케터를 꿈꾸게 하지만, 현실은 숫자와 효율성의 협공을 막아내느라 바쁜 것이 마케터의 현실입니다.

그럼에도 불구하고, 효율을 쫓아가다 보면 나름의 영역과 감성을 확보하게 됩니다. 내가 보여주고 싶은 이미지나 브랜드가 아니라, 사람들이 좋아하는 것을 찾게 되는 날까지, 명확한 목표를 세우고 효율을 높이는 일에 집중해 봅시다.

얻은 지표는 확실하게 공유

위에서 말한 효율 수치는 한 번 만들어지면 일반적으로 크게 변하지 않습니다. 그러나 회사는 언제나 성장을 원하고, 더 높은 효율과 실적을 원하기 때문에 조금씩이라도 개선하는 방식을 취해야 합니다.

그래서 지표들은 항상 잘 정리된 상태로 공유되어야 하죠. 사실 아무리 정리를 잘해도 업무 바깥의 사람들은 잘 이해하지 못해서 안 보기도 합니다. 내가 필요할 때 꺼내 보고 원하는 데이터를 만들 수 있을 정도로 정리가 되면 됩니다.

내가 보기 쉽게 모든 데이터가 담긴 엑셀 시트와 다른 사람이 보는 시트를 따로 구분해 관리하는 것도 방법이 될 수도 있겠고, 엑셀 등의 행/열 접기 기능을 이용하는 것도 방법이 될 수 있습니다. 어떤 방식을 취하든 엑셀 같은 스프레드시트를 쓰는 것을 추천해 드려요. 기간별로 정리하기도 쉽고 자동 수식기능은 강력하니까요.

사실 지표를 공유하는 순간부터 온갖 사람들로부터 공격을 받게 됩니다. 사람들은 생각보다 타인의 일에 관심이 없기 때문에 '이건 왜 그래요?'에 대한 대답을 몇 번이고 설명해 주어야 합니다. 솔직히 귀찮아요.

막해팅 말고 마케팅

그래도 일단 해봅시다. 얼토당토않은 논리와 이유로 태클을 받더라도 그것에 대한 이유와 설명을 생각하는 게 성장에 도움이 됩니다. 태클을 최대한 받지 않기 위해서는 명확하게 보여줄 것과 아닌 것을 생각해 보고, 넣고 빼 가면서 나만의 지표 보드를 바꿔 나가면 돼요.

데이터만 주면 'So What?' 한 상태

대부분의 사람들이 표를 볼 줄 압니다. 특히 경영진들은 재무제표를 열심히 보는 사람들이고, 굳이 그래프로 그려주지 않아도 표를 보고 있으면 지금 상황이 어떻게 돌아가는지 압니다.

하지만 그렇지 못한 사람도 많거니와, 그걸 들여다보면서 생각할 시간이 없습니다. 그건 우리들이 해야 하는 일이니까요.

그렇다고 해서 매번 표나 그래프를 만드는 것도 번거로운 일입니다. 숫자에 맞춰서 자동으로 그려주는 기능이 있긴 하지만 예쁘게 다듬는 것은 또 다른 문제입니다.

제가 추천하는 것은 지표를 공유하면서 코멘트를 다는 것입니다. 우리 광고나 캠페인이 어떤 상태로 돌아가고 있는지를 알기 쉬운 형태로 정리해서 보여주는 거예요. 들어갈 내용은 다음과 같습니다.

- **상황** : 지금 우리가 어떤 상황인지를 간단하게 정리합니다. 클릭률이 지난주에 비해 어떻게 변했고, 지난달에 야심 차게 시작한 프로젝트는 어떤 결말을 향해 나아가고 있는지 등등입니다.
- **원인** : 잘 되면 잘 된 대로, 아니면 아닌 대로 원인을 찾아서 설명해줍시다. 정확할 필요 없어요. 이게 명확한데 개선이 되지 않는 것이라면 사업을 빨리 접어야 하거나 내가 도망가야 하는 상황일 뿐입니다.
- **대안** : 위에서 말한 이유에 대한 대안을 제시해야 합니다. '안되는데요?'라고만 말하고 끝내면 온갖 저렴한 말을 듣게 되니, '이런 제스처라도 취하겠다'라고 이야기해야 하는 겁니다. 신규 광고를 틀어보겠다거나 어떤 단계에서 막히는 것 같으니 그 부분을 풀어보겠다든가 하는 것이죠.

물론 이것을 하기 시작하면 경영진의 온갖 헛소리 선물세트 (예 : K가 A라고 했는데 왜 B는 안 되죠? 옆의 회사는 되는 것 같던데…)를 받게 되지만, 적어도 놀고 있다는 인상은 피할 수 있습니다.

막해팅 말고 마케팅

이렇게 현상을 말로 정리하고 이유와 목표를 정리하는 일은 마케터 개인의 실력 면에서도 큰 도움이 되는 활동이에요. 없는 말을 쥐어짜면서 상황을 타개할 방법을 고민하는 작업은 매우 고통스럽지만, 그만큼의 경험치를 보장합니다.

지속적인 성과 공유로 인한 스트레스와 미묘하게 불편해지는 인간관계를 관리하는 것은 다른 차원의 문제지만 마케터의 성장성 하나는 확실하게 보장할 수 있습니다! 이 책을 통해 여러분의 방어력이 한층 높아지길 바랍니다.

☑ 이 정도만 알아가시면 충분합니다

- 숫자와 친해지자.
- 마케팅팀이 바라보는 지표를 설정해 모두와 공유해야 한다.
- 그런데 핵심지표는 자주 바뀌니 숫자는 일단 다 기록해놓고 지우지 말자.
- 결과적으로 지표라는 것은 효율의 문제로 귀결된다.
- 언제나 효율이 얼마나 좋아지는지를 증명하면 된다.
- 그 과정에서 지표가 변하는 과정을 계속 공유하자.
- 숫자만 보여주면 못 알아들으니 코멘트도 같이 하자.

2
객단가와 LTV

고객 감동을 숫자로 표현하기

고객 한 사람이 우리에게 가져다주는 돈과 시간은 얼마나 될까요?
데이터를 분석하면서 나오는 숫자들을 조합하면
고객 한 사람의 가치를 더 명확하게 알 수 있게 됩니다.

여러분이 한탕 치고 도망갈 사기 프로젝트를 준비하고 있는 것이 아니라면 회사의 지속적인 성장을 고민해야 합니다. 사람들이 회사를 평가하는 가장 큰 기준은 어제보다 더 큰 수익, 즉 양적이며 질적인 성장이거든요.

마케터 입장에서 성장은 고객이 들어올 때 시작되지만, 들어온 고객이 지속적이고 안정적으로 소비를 해줄 때 비로소 진정한 성장이 일어납니다. '한 번만 오는 고객'이 많은 사업은 아무리 객단가가 높아도 오래 갈 수 없어요. 그렇기에 우

막해팅 말고 마케팅

리는 고객을 데리고 온 만큼 만족을 주는 것에도 집중해야 합니다. 그런데 이런 것은 숫자, 즉 데이터로 어떻게 표현할 수 있을까요?

물건을 받았을 때의 감동은 재구매를 부릅니다

의류업체인 아베크롬비는 구매 고객들이 옷을 받았을 때 한껏 그 기분을 '업' 시키기 위해 제품에 향수를 살짝 뿌려 제공했습니다. 물론 이 향은 빨래 한 번에 날아갈 정도의 소량이지만, 물건을 처음 받았을 때 기분 좋은 향기까지 맡으니 고객 만족도는 매우 높았습니다. 비록 해당 향수에서 인체 유해 성분이 검출되고 오너의 인종차별적 행보로 회사는 영 좋지 못한 길을 걷고 있지만, 사람들은 그런 소소한 디테일에 감동을 받는다는 사실만 배워갑시다.

여러분의 회사는 물건을 택배로 제공하시나요? 아니면 직접 만나 제공하시나요? 혹은 물건이 아닌 서비스를 제공하시나요? 당신이 무엇을 팔고 있든, 고객이 우리를 만날 때 기분이 좋아질 무언가를 준비합시다. 거창한 것을 주지 못하더라도 지나가는 말 한마디에 기분이 달라지는 것이 사람입니다.

그리고 이런 사소한 감동은 고객의 재구매 행동, 후기 행동으로 이어지고, 우리는 이것을 수치화해서 기록해야 합니다.

표독스러운 피드백도 감사합니다

사람들의 의사결정에 있어 타인의 평가가 굉장히 중요하게 작용한다고 했습니다. 회사가 미처 생각하지 못한 활용 방식이나 궁금한 내용을 이미 한번 경험한 사용자가 해결해 주기도 하고, 회사가 자랑하고 싶은 점을 고객의 목소리로 전달할 수 있거든요. 좋은 점을 이야기할 때에는 회사의 백 마디가 고객의 한마디를 따라잡지 못합니다.

피드백은 가만히 있어서는 들어오지 않습니다. 90%의 고객은 긍정적인 피드백도, 부정적인 피드백도 남기지 않습니다. 그러니 고객을 후기를 남기는 장소로 직접 데려가야 합니다. 아니면 후기를 남기면 리워드를 주는 방식의 프로모션도 진행할 수 있겠죠.

네이버 쇼핑은 구매 고객에게 후기를 남겨 달라는 알람을 보내고, 작성할 경우 리워드를 제공하는 시스템을 사용하고 있습니다. 고객 입장에서 100원이라도 받으려면 후기를 남겨야 하죠. 그런데 네이버는 판매자에게 그만큼의 비용을 요구하지도 않습니다. 그런데 이 '손해 보는' 시스템 덕분에 네이버는 국내 온라인 쇼핑 플랫폼 시장을 장악할 수 있었습니다.

판매자 입장에서는 신뢰를 보장받을 수 있는 요소를 쉽게 보여줄 수 있고, 구매자 입장에서는 리뷰를 통해 사기꾼을 빠르게 선별할 수 있는 플랫폼이라는 인식이 강해졌기 때문일 겁니다.

어디에 글을 남기게 할 것인지도 선택해야 합니다. 얼마 전 방문했던 호텔에서 후기를 작성해 달라며 링크를 보내왔는데요. 호텔 예약 플랫폼이나 자사 홈페이지일 것이라 생각했는데 구글 지도 리뷰 작성 페이지를 보내더라구요. 해외여행자들이 현지에서는 구글 지도를 많이 쓴다는 점을 생각했기에 내린 결정 같았습니다. 다시 생각해 보니 저도 그 호텔을 구글맵 후기를 보고 결정했었습니다.

물론 기껏 돈 들여 리뷰 작성을 부탁했더니 부정적인 피드백이 달릴 수도 있습니다. 그런데 무플보다 악플이라고, 악플 역시 관심의 표현입니다. 당장은 기분이 나쁠지라도 다음부터 그런 실수나 잘못된 점을 반복하지 않을 수 있으며, 서비스를 개선해 나갈 기회를 발견할 수 있습니다. 감사해야 하는 일입니다.

또 불만을 이야기하는 사람들은 자신들의 의견을 들어주고 반성하는 자세를 보여주는 것만으로도 어느 정도 만족감을 느끼고, 그 사항이 개선되었다는 사실을 알려주면 제품에 대한 애정이 생기기도 합니다.

부정적인 피드백은 아픕니다. 자존심에 스크래치를 긁는 표독한 표현들을 직접 들어야 하니까요. 세상에는 말도 안 되는 논리로 생떼를 쓰는 이상한 사람이 참 많습니다. 누군가의 나쁜 감정을 흡수하는 일은 힘든 게 당연합니다. 그래도 욕을 하든 말든 자신감으로 극복해 보아요.

길게 설명했지만, 아무튼 상호작용을 유도해서 데이터를 쌓아야 한다는 이야기입니다. 그 숫자가 좋든 나쁘든 말이죠. 별점이 있다면 편리하겠지만, 아니라면 리뷰의 만족도를 임의로 책정해 보는 것도 괜찮은 기록법이 됩니다.

객단가와 LTV로 고객의 가치 계산하기

고객 한 사람은 우리에게 어떤 의미가 있을까요? '너의 그 한마디 말도 그 웃음도 나에겐 커다란 의미'겠지만 이는 수치화를 제대로 할 때 더 강력하고 설득력을 얻게 됩니다. 전략을 짜고 마케팅을 평가할 때도 매우 매우 중요한 수치가 되니 꼭 생각해야 합니다.

주로 사용하는 수단으로 '자영업계에서 사용하는 객단가'와 '마케터들이 쓰는 LTV'가 있습니다.

먼저 객단가를 알아보죠. '객단가'란 '고객 한 명이 방문했을 때 쓰는 돈'이라고 생각하면 됩니다. 수식도 간단합니다.

객단가 = 수익/방문한 고객의 수

간단하죠? 설정하는 기간이나 시간에 따라서 또 달라지겠지만 논리는 변하지 않습니다. 시간별 객단가와 주말/평일 객단가 등 다양한 상황에서 고객의 '인당 가격'을 생각해야 합니다.

객단가는 여러 가지 요소로 연결됩니다. 먼저 마케팅 비용을 설정할 때 중요하게 사용됩니다. 우리는 고객을 데려오고, 구매를 종용하고, 또 재방문을 유도하기 위해 다양한 광고와 이벤트, 프로모션을 진행합니다. 그런데 이 비용이 객단가보다 커지면 그때는 수익사업이 아니라 자선사업이 됩니다. 밑빠진 독에 물을 붓고 있는 격이지요.

상권 결정에도 중요한 영향을 끼칩니다. 동네마다 '노는 물'이라는 말이 있잖아요. 제가 고등학교때 친구들과 놀던 동네는 지금도 고등학생들이 놀고 있습니다. 그리고 그쪽 가게들은 대부분 저렴함을 무기로 내세우고 있으며, 그런 가게들이 오래갑니다. 이곳에서 객단가가 높은 고오급 스테이크를 팔아봐야 고객 수 확보도 쉽지 않을뿐더러, 가장 저렴한 메뉴만 먹고 나가는 고객들이 많을 가능성이 큽니다. 재료가 남아 버릴 수밖에 없는 상황이겠죠.

다른 경우도 있습니다. 가로수길처럼 임대료 등의 고정 지출이 큰 동네에서 박리다매를 추구한다면 아무리 팔아도 적자가 나거나 내 몸이 먼저 축날 수도 있습니다.

주변 환경에 맞춰, 미묘한 객단가 밸런스를 잘 맞춰보도록 합시다.

다음으로 알아볼 것은 마케터의 도구 LTV입니다.

LTV는 'Lifetime Value', 즉 고객 한 사람의 생애 동안의 가치입니다. 풀어 설명하자면 한 고객이 우리의 풀에 들어와서 사용하는 돈의 기댓값이 되겠습니다. 기댓값이기 때문에 정확할 필요가 없으나, 납득할 만한 구조가 되어야 합니다.

업종이나 방식에 따라 계산하는 방식이 다양하지만, 쉬운 수식으로 표현하자면 다음과 같죠.

$$\text{LTV} = -(\text{유입 마케팅 비용}) + \Sigma\,(\text{고객의 지출 비용} -$$

$$\text{유지 마케팅 비용}) \times \text{고객 잔존율}$$

숫자 울렁증이 있다고 해도 걱정하지 마세요. 그냥 대충 이해만 하면 됩니다.

먼저 고객 한 사람을 들여오기 위한 마케팅 비용이 계산되어야 합니다. 이는 유입 단계에서 설명한 광고 비용 등을 통해 쉽게 계산할 수 있을 거예요. 그리고 그들이 지속적으로 들어오도록 만드는 마케팅 비용을 고객과 고객이 쓰는 돈에서 빼고, 그것이 계속 유지된다는 가정하에 무한히 더하는 것이죠. 무한히 계산하는 방법은 고등학교 수학을 참고하세요.

아무튼 이렇게 만든 숫자가 고객 한 사람의 가치인 'LTV'입니다.

LTV는 객단가와 비슷하면서도 조금 다릅니다. 객단가에 비해 수식도 복잡하고, 개입될 요소도 많이 다르죠. 고객이 유입되었으나 그들로부터 수익을 회수하는 시기가 제각각 다른 형태의 서비스도 있습니다. 수수료로 수익을 내는 구조와 재구매로 수익을 내는 구조가 또 다릅니다. 기본 서비스는 무료로 제공하면서 부가적인 광고 판매 등으로 수익을 내는 구조도 있습니다. 생각과 사례를 붙일수록 복잡해집니다.

LTV의 복잡성은 불확실성도 한몫합니다. 고객 잔존율은 현재 90%일지라도 시장 침체, 경쟁자 등장, 오너리스크 같은 모종의 사건 사고로 인해 불매운동이 일어나는 등 다양하고 지랄 맞은 사건 사고로 급격하게 변할 수 있습니다.

즉, LTV 수식에는 미래의 불확실한 요소를 최대한 적용하려는 마케터의 노력이 담기게 되고, 이를 정리하는 방식은 마케터마다 조금씩 다릅니다. 데이터를 어떻게 수집하며 해석하느냐에 따라 크게 달라지기도 해요.

이렇게 어렵고 부정확하니 단순히 객단가만 놓고 현재를 바라보는 경우도 많구요. 서로 비슷한 곳을 바라보지만 사용하는 의미가 다르니, 각 부분에서 부족한 요소를 채워줄 행동을 취할 수 있겠죠.

유입 마케팅 비용이 너무 높다면 낮추는 방법을 고민하고, 고객 지출이 적다면 고객이 돈을 더 쓰게 만드는 방법을, 고객 잔존율이 낮다면 시스템을 개선해 계속 우리와 함께 가도록 만들어야 합니다.

말이야 쉽지 이 중 하나도 만들어 내기 어려운 일이긴 하지만, 지금 가지고 있는 데이터를 활용해 이 값들을 계산해 보면 지금 당장 문제가 되는 부분은 확인할 수 있습니다.

LTV를 높이기 위한 고객과의 밀당

LTV를 높이는 것이 마케터의 목표가 된다면 앞서 말한 '고객 감동'에 집중하면서, 그들이 우리를 잊지 않도록 가끔 연락하는 방식을 고민해야 합니다.

친절하게 대하면서 재방문 쿠폰을 제공할 수도 있고, 미용실처럼 주기적으로 이용해야 하는 서비스라면 '슬슬 방문할 낌새가 보일 즈음' 문자라도 한 번 보내보는 것이 좋겠죠.

이런 소소한 활동들이 LTV를 높이고, 나아가 기업과 서비스에 대한 만족도도 높이는 방법이 됩니다.

투자자나 재무 관련 담당자들은 마케팅 캠페인의 정의도 잘 모르면서 이런 것에는 관심이 정말 많습니다. 특히 LTV는 '그래서 너희들이 얼마나 돈을 벌 건데요'라는 답변이 되며, 불확실한 시장에서 미래가 있어 보이게 만드는 숫자가 됩니다. 그래서 해당 숫자에 대한 질문도 많이 받고, 논리를 설명

막해팅 말고 마케팅

해달라는 요청을 많이 받게 될 거예요.

명확한 수식을 가지고 있지 않아도 좋습니다. 처음부터 완벽한 것은 없습니다. 계속 나의 수식을 발전시키면서 다양한 방면으로 생각하고, 페이스북에서 엉뚱한 걸 발견한 뒤 되지도 않는 헛소리를 해대는 CEO, CFO와 맞짱을 뜨고, 우리에게 필요한 마케팅 비용을 끌어올 준비를 해야 합니다.

사실 객단가와 LTV를 계산하는 것만으로 특별한 전략이 떠오르거나 모든 논리에 대한 방어책이 생기지는 않아요. 이 숫자는 마케터의 논리를 뒷받침하고, 생각의 성장을 돕기 위해 존재한다고 생각합니다. 회사의 성장만큼 우리의 성장도 중요하니까요.

이제 LTV를 계산하기 위한 다양한 데이터를 긁어모아봅시다.

☑ 이 정도만 알아가시면 충분합니다

- 고객 한 사람이 어느 정도의 돈과 시간을 쓰는지를 계산하려는 노력이 필요하다.
- 이를 수치화하는 데이터가 필요한데, LTV라는 요소가 많이 쓰인다.
- 고객 일생 동안 우리한테 돈을 얼마나 쓸 것인지를 계산하는 것.
- 수식이 정해져 있지 않아 상황에 맞게 계산해야 한다.
- 정확할 수 없으니 예상, 참고용으로 쓰자.

막해팅 말고 마케팅

3
고객 데이터
정리하기

고객은 어떤 숫자로 이루어져 있는가

고객을 얼마나 잘 알고 계신가요?
눈으로 보이는 것 말고도
고객들은 다양한 숫자, 데이터를 가지고 있습니다.
이 중 어떤 것을 관찰하며 기록할 것인지는
마케터가 결정할 문제입니다.

이런 고객을 원해요 vs 이런 고객이 와요

고객을 정의하는 방식은 여러 가지가 있겠으나, 보통 개념
서라던가 학교에서 가르쳐 주는 방식으로는 '페르소나'가 있
습니다. 어떤 한 사람이 실제로 존재한다는 가정을 하고, 그
사람의 일상을 따라가면서 우리의 제품/브랜드가 스며들 만
한 위치를 찾는 데 활용되지요.

하지만 대체로 이런 페르소나를 만들 때는 '희망 사항'이

들어가기 마련입니다. 우리는 다른 사람이 될 수가 없고, 그가 어떻게 생각하는지를 모릅니다. 그런데 우리 고객을 정의한답시고 '이 사람은 이런 생각을 하고, 이런 라이프 스타일을 가지고 있어'라면서 일종의 스테레오 타입을 만드는 경우가 많죠.

페르소나 방법론의 단점이 잘 와닿지 않는다면 MZ 세대를 표방하는 콘텐츠나 서비스를 생각하시면 됩니다. 'MZ 세대들이 대부분 이럴 것이다' 하고 추측하는 경우가 있는데, 실제 MZ 세대들은 공감을 못하는 경우가 많습니다. 부장님들이 아무리 젊은 척, 아는 척 MZ인 척해도 요즘 애들 그런 거 안 좋아해요….

물론 서비스 초기에는 그럴 수밖에 없습니다. 처음부터 고객 데이터를 가지고 출발하는 경우는 없으니까요. 만약 그럴 수 있다면 정말 운이 좋은 것입니다.

고객이 하나둘씩 늘어갈 때마다 우리의 고객을 상징하는 페르소나도 계속 바뀌어야 합니다.

그런데 '우리 고객들은 대체로 어떤 타입인가요?'라는 질문을 들었을 때 명확하게 대답을 할 수 있을까요? 어떤 업종은 같은 회사에 다니는 사람들끼리도 의견이 분분할 때가 있습

막해팅 말고 마케팅

니다. 사람은 자신이 겪은 일이나 상황을 더 강력하게 받아들이고 생각하기 때문에, 자신의 경험이 '주로 그렇다'라고 착각할 가능성이 높거든요.

100명의 고객 중 10명을 상대한 사람이 있다고 해보죠. 그중 5명이 학생이었다면 그 사람은 '우리 고객은 절반 정도는 학생이야!'라고 생각할 수도 있습니다. 실제로 50% 이상이 되면 그게 사실일 수도 있겠지만, 아닐 가능성이 더 큽니다. 10명 중에서 5명이 100명 중 50명을 의미하지는 않기 때문입니다. 100명 중 5명일 수도 있죠.

그래서 개인적인 경험이나 희망 사항을 담아 고객을 정의하는 것은 위험합니다.

막상 통계를 까 보면 사람의 직감이 맞을 때가 더 많긴 하지만 아닐 수도 있다는 가능성이 언제나 존재하거든요. 자기 객관화를 잘 못하는 것만큼 우스운 일도 없으니, 우리는 현실을 직시하기 위해 고객의 데이터를 잘 정리하고 잘 뜯어볼 수 있어야 합니다.

그래서 데이터를 정리하면 뭐가 좋은데요?

고객 데이터를 잘 뜯어보면 마케팅에 들어가는 시간, 노동력, 비용이 크게 절감됩니다. 마케터가 생각하는 방식이나 기술 수준도 높아지구요. 크게 정리하자면 이 정도로 볼 수 있겠네요.

고객 데이터가 잘 정리되어 있을 때 생기는 이득

- 각종 통계를 빠르게 낼 수 있다.
- 고객을 적재적소에서 터치할 수 있다.
- 자동화 등 다양한 툴에 이용할 수 있다.

첫 번째, 통계를 빠르게 낼 수 있다는 점은 크게 설명할 필요가 없을 것입니다. 앞서 말씀드린 것처럼, 나의 서비스가 지금 어디에 있는지를 정확하게 활용하는 용도 외에도 앞으로 어떤 미디어에서 우리 서비스를 노출할 것인지 등을 결정할 때에 유용하게 활용될 수 있겠죠.

두 번째, 고객을 적시에 터치하는 것은 요즘 시대 제법 중요한 수단이 되었습니다. 고객들이 미디어를 접하는 것이 지극히 개인화되었기 때문이죠. 재미있는 콘텐츠를 아무리 열

막해팅 말고 마케팅

심히 만들어봐야 알고리즘의 은총을 받지 못한다면 내 새끼는 노출조차 되지 않을 수 있는데, 고객에게 메시지를 보내는 것만큼은 아직까지 확실하게 쓸 수 있거든요.

마케팅도 유행을 탑니다. 요즘은 마케터에게 요구하는 기술이 직접적인 메시지로 찝쩍거리는 것으로 변하고 있는 추세입니다. 마케터 입장에서도 반응이 있을지 없을지도 모르는 콘텐츠를 만들면서 제대로 설명도 안 해주는 알고리즘에 걸리기를 기대하는 것보다 행동과 결과가 확실한 활동을 하는 것이 '일을 제대로 하고 있다'라는 만족감을 느끼기에도 좋습니다.

그리고 이런 메시지들을 수동으로 보낼 수는 없기 때문에 세 번째, 자동화 툴이 등장하게 됩니다.

예전에는 이런 기술이 모두에게 열린 기술은 아니었습니다. 고객을 관리하면서 적재적소에 마케팅하기 위해선 전문 CRM^{Customer Relationship Management} 툴을 사용해야 했습니다. '세일즈포스'나 '젠데스크' 같은 해외 툴인데 예전부터 한국에 서비스되고 있지만 한글화가 안 되어 있었습니다. 예나 지금이나 비싸기도 하구요.

그래서 전문적인 B2B 기업들이나 알음알음 쓰고, 일반 회사, 특히 스타트업이나 중소기업 직원들은 근처에도 못 갔을 가능성이 큽니다. 우리 회사는 스타트업이지만 세일즈포스를 사용한다는 사실을 보도자료로 쓰자던 대표님의 얼굴이 아른거리네요.

사실 이런 CRM 툴들을 반드시 사용할 필요는 없습니다. 전문적인 세일즈 피플이 아니라면 어떤 식으로 돌아가는지 정도만 파악하면 됩니다. 계속 추가되는 다양한 기술들은 차치하고, CRM 툴을 마케팅 사이드에서 쓸 수 있는 것들에 대해 생각해 보죠.

아래의 사항이 CRM 툴을 쓰는 플로우입니다.

- 고객을 알게 되면, 또는 고객이 홈페이지의 폼 등을 통해 자신의 정보를 작성하면 하나의 노드를 생성합니다. 여기에는 고객의 개인 정보 등등이 담겨 있습니다.
- 고객에게 다음 행동을 합니다. 메시지를 보낼 수도 있고, 영업사원이 직접 전화를 걸 수도 있겠죠. 그 후의 반응이나 대답도 기록으로 남길 것입니다.
- 다음 적절한 조치를 취합니다. 미팅을 가진다거나 원하는 자료를 보내준다던가 합니다.
- 진행 사항에 따라 추가 조치를 취합니다. 자료를 받아갔는데 여

막해팅 말고 마케팅

태 소식이 없다면 다시 연락을 해볼 수도 있겠고, 추가 미팅을 잡을 수도 있을 것이며, '글렀구나' 깨달으며 아웃시킬 수도 있 겠죠.

이런 활동들을 하나씩 기록하면서 여러 사람이 함께 볼 수 있도록 하는 것, 그리고 이 워크플로우가 잘 굴러가지 않을 때 담당자가 누구인지 관리자에게 일러바치는 일름보 역할을 하는 것이 대부분의 CRM 툴이 가지고 있는 역할입니다.

위에서 말한 플로우에서 각각의 상황에 맞게 자동으로 할 수 있는 행동들이 있을 것입니다. 신청 폼을 작성한 사람에게 감사하다며 안내문자 보내기, 연락했는데 오랫동안 추가 행동이 없는 사람에게 메시지 보내기 등등.

고객 데이터를 잘 쌓아놓는다면 이런 자동 메시지 시스템이 정확하게 작동할 수 있습니다.

당연히 영업 담당자가 전화를 거는 것이 가장 성공 확률이 높겠지만, 고객 수가 많다거나 담당자 수가 적다면 자동화를 통해 해결할 수 있게 됩니다.

자동화 시스템은 특히 나가려는 고객에게 다시 한번 고지를 해주는 활동, 즉 탭인에서 강력한 성능을 발휘합니다. 잊을 만할 때 상기시켜주는 것을 자동으로 할 수 있다고 생각해 보세요. 이는 모든 사장들이 꿈에 그리던 마케팅 활동입니다. 새로 알리는 것 보다 떠올리게 하는 것이 더 효과가 좋습니다.

아무튼, 마케터가 데이터를 잘 다룬다는 것은 거창하게 빅데이터로 세계 물류 동향과 재정의 흐름을 파악하는 것이 아닙니다. 고객이 어떻게 흘러가고, 그것들을 필요한 순간에 꺼내 적재적소에 활용하는 것이 목적입니다.

그렇다면 이런 데이터를 어떻게 쌓아야 할까요?

고객을 설명하는 다양한 데이터들

요즘은 문과도 코딩을 해야 한다고 난리 법석을 떠는 시대입니다. 프로그래머의 연봉이 높기 때문이기도 하겠지만, 개인적으로는 아무래도 코딩이든 프로그래밍이든 할 줄 아는 사람들이 시스템을 이해하고 응용하는 속도가 빠르기 때문에 각광받는다고 생각해요.

특히 어느 정도 '프로그램'이 돌아가는 방식을 파악하기 위해서는 데이터가 어떤 형식으로 쌓이는지를 잘 설계하고, 그것을 잘 이용할 줄 알아야 한답니다.

요즘은 잘 안 쓰는 프로그래밍 언어지만, 저는 대학교 때 C를 했습니다. C 시리즈에는 '구조체'라는 개념이 있습니다. 요즘 유행하는 파이선에는 없다고 하더라고요. 아무튼 이 구조체는 한자어기도 하고, 프로그래머들이 쓰는 말이라고 해서 어렵게 느껴지지만, '하나의 개체가 여러 정보를 담고 있는 구조'라고 이해하면 됩니다. 설명할수록 어려워지는 것 같지만 이렇게 예시를 보면 조금 이해가 될 겁니다.

- 이름 :
- 나이 :
- 성별 :
- 거주지 :
- 결혼여부 :
- 월 수입 :
- 취미
- 유입된 날짜 :
- 마지막으로 우리 서비스와 연결된 날짜 :
- 우리 영업팀과 연락한 횟수 :

이것 말고도 떠올릴 수 있는 것이 정말 여러 가지가 있을 거예요. 안에 들어가는 것은 숫자가 될 수도 있고, 텍스트가 될 수도 있고, 때로는 다른 고객과의 연결이 될 수도 있겠습니다.

만약 요식업을 하고 있다면 고객 정보에 선호하는 음식, 많이 팔린 메뉴들이 들어갈 수도 있고, 여행사라면 여행지가 될 수도 있겠네요.

이렇게 하나의 '고객' 구조체 안에는 다양한 정보가 들어갈 수 있고, 이것들을 조합해서 하나의 고객 데이터가 완성될 수 있게 됩니다. 실제로 구글이나 페이스북 등 광고 시스템을 만드는 곳들은 고객의 다양한 실제 데이터와 관심사를 기반으로 알고리즘을 굴리고 있습니다.

빅 데이터가 우리를 감시하고 있다는 사실은 다 알고 계시죠? 마이크로 감청하면서 관심사를 듣는 게 아니라 이용자의 연령이나 방문한 페이지 등등을 고려해 관심 있을 가능성이 높은 것을 디미는 것입니다.

만약 회사가 고급 CRM 툴을 이미 이용하고 있거나 영업조직이 오래되어서 나름의 시스템을 가지고 있다면 이런 고민을 하지 않아도 되겠지만, 스타트업이나 체계가 없는 회사에서 일하고 있다면 직접 이것을 만드셔야 합니다!

나름의 방식으로 정리하기

엑셀, 즉 스프레드시트는 우리의 업무방식을 크게 바꾼 도구입니다. 하나의 개념 안에 속한 여러 개의 성질을 한눈에 볼 수 있도록 만든 도구로, 어렵고 복잡한 것들도 순식간에 정리하고 이해시키는 매우 유용한 툴이죠.

1차로, 우리는 엑셀의 표 안에 위에서 말한 것들을 담아둘 수 있습니다. 하나의 행을 고객 데이터로 정의하고, 각 열에 위에서 말한 데이터를 채워 넣어봅시다.

입력할 값은 글보다 숫자일수록 좋습니다. 컴퓨터는 세상을 숫자로 인식하기 때문에, 이 편이 여러 가지로 응용하기 좋답니다.

사실 이렇게까지 하는 것만으로도 엄청난 진보이긴 한데, '이거 해서 뭐하냐'는 이야기를 듣지 않으려면 시각화를 하려는 노력이 필요합니다. 엑셀에 있는 '차트 만들기 기능'을 활용해 보세요. 우리에게 친숙한 막대그래프, 꺾은선 그래프로만 표시해도 데이터를 제법 다루는 사람인 '척'할 수 있습니다.

쌓인 데이터를 가지고 원하는 결괏값을 만들어 내는 데에

막해팅 말고 마케팅

도 사용할 수 있습니다. 어떤 조건에 해당하는 사람의 수를 뽑는다거나, 그런 사람들의 데이터만 뽑아서 새로운 시트를 만든다거나 하는 것이죠. 스프레드시트의 함수 기능이 강력하긴 한데 대부분 '몰라서 못 씁니다' 진짜로.

그럴 때는 최신 유행하는 AI의 힘을 빌려보세요. 구글 스프레드시트 같은 곳에서 대화형 AI를 지원하기도 하고, 챗 GPT한테 정리하고 싶은 방식이 있는데 어떻게 하냐고 물어봐도 친절하게 알려줍니다! 요즘은 기술을 알고 있는 게 실력이 아니라, 문제를 정의하고 해결하는 방법을 찾는 게 진짜 실력인 시대가 된 것 같아요.

이렇게 여러 가지 방식으로 가공된 데이터들은 마케터가 다양한 일을 계획할 때 참고하게 되겠지만, 혼자만 알고 있지 말고 다른 곳에 공개하는 것이 좋습니다. 특히 경영진들은 잘 반영하지도 않으면서 이런 것을 보면 인사이트를 얻게 된다고 좋아합니다.

아마 영업팀이나 고객 상담 인력들은 자신들이 정리하는 방식이 따로 있을 텐데요. 그들과 이야기하면서 더 나은 정리 방식을 연구할 수도 있을 것입니다. 특히 상담을 하고, 그들의 히스토리를 파악하거나, 조금 더 집중해야 하는 고객층을 연구해야 할 때 사용하겠죠.

　결과적으로 마케팅을 위한 기초 자료를 만들어 내면서 서비스의 시스템 전체가 원활하게 굴러갈 수 있도록 기름을 바르는 활동을 하게 되는 셈입니다.

☑ 이 정도만 알아가시면 충분합니다

- 마케터가 데이터를 정리하려 한다면 고객 데이터부터 시작하는 것이 좋다.
- 세일즈포스 같은 CRM 툴을 벤치마킹하면 된다.
- 고객을 하나의 노드 삼아 다양한 데이터를 넣어보자.
- 데이터를 살피면서 통계를 낸다든가 각 단계에서 할 수 있는 것들을 자동화하는 것이 데이터 작업의 핵심이다.
- 나름의 기준으로 정리하고 모두에게 공유하자.

막해팅 말고 마케팅

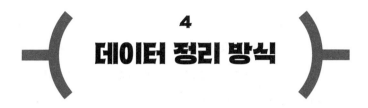

4
데이터 정리 방식

고급 도구 없이 데이터 쌓기

기획편에서 설명한 퍼널 구조가 제대로 돌아가기 위해서는
데이터를 잘 가져와서 적재적소에 끼워 넣는 것이 중요합니다.
꼭 비싼 데이터 분석 툴이 필요한 것이 아니에요.
개념만 제대로 이해하면 누구나 할 수 있는 것이 데이터 업무입니다.

요 몇 년간 마케팅과 경영계를 뒤흔든 화두는 '데이터 드리
븐'이었다고 생각합니다. 데이터를 통해 객관적인 수치를 확
인하고, 그로 인해 의사결정을 하겠다는 것인데요. 굉장히 스
마트하게 들리는 만큼 상당히 어려운 일입니다. '데이터 드리
븐'의 가장 중요한 준비물은 '똑똑한 사람'인데 이게 제일 어
렵기 때문입니다. 일단 저는 글렀습니다.

숫자는 거짓말을 하지 않지만, 정답을 말해주지는 않거든
요. 우리의 눈을 속이는 착시현상을 일으키기도 합니다. 보고

판단하는 것은 어쨌든 사람입니다.

데이터가 우리를 잘못된 길로 인도하는 경우는 대체로 전체 흐름을 파악하지 못한 채 하나의 현상에만 몰두하거나, 주변 상황은 파악하지 않고서 데이터만 보고 따라갔을 때 발생할 가능성이 큽니다.

그렇다면 전체적인 흐름을 파악할 수 있는 데이터 지표는 어디서 보고, 그것을 하나의 흐름으로서 이해하는 방식은 어떤 것들이 있는지를 파악해 봅시다.

업계 표준, 구글 애널리틱스

적어도 온라인 서비스를 하고 있다면, 다행히도 데이터를 알아서 뽑고 정리해 주는 서비스가 존재하며, 기능도 나쁘지 않아 업계 표준처럼 정립된 것이 있습니다. '구글 애널리틱스'가 그 대표적인 예라고 할 수 있겠어요.

메타(구 페이스북)에서도 '픽셀'이라는 트래킹 코드 개념을 만들어서 사용하고 있는데, 픽셀 쪽은 커머스 행동에 특화되어 있기 때문에 사용처가 조금 제한적입니다. 다양한 목표를 설정하고 검증하기 편한 구글 애널리틱스 쪽이 범용성 측면

막해팅 말고 마케팅

에서 더 괜찮기에 대체로 트래픽 데이터를 조사할 때에는 구글 애널리틱스를 많이 이용합니다.

만약 구글 애널리틱스를 통해 할 수 있는 것들이 와닿지 않는다면 '기획편'에서 말씀드린 것처럼 네이버 블로그의 '통계' 메뉴를 살펴보는 것만으로도 시스템 내에서 트래픽을 어떻게 추적하는지 감을 잡을 수 있으니 참고하세요.

다시 애널리틱스로 돌아오죠. 애널리틱스 서비스를 사용하기 위해서는 개발자가 필요합니다. 여러 가지 우회 루트를 이용할 수도 있지만, 뭐가 됐든 head 태그 안에 트래킹 코드를 넣어주어야 하거든요. 코드만 넣는다고 끝나는 게 아니라 태그 매니저로 코드 설정도 해줘야 하고, 이것저것 신경써야 하는 부분이 많습니다.

구조를 이해하면 쉬운 이야기이지만 처음에는 아무래도 개발자의 도움이 필요한 것이 사실입니다. 하지만 코드를 제대로 설치하는 것만으로도 필요한 데이터가 얼추 뽑혀 나옵니다! 하루에 한두 명 들어오는 작고 귀여운 숫자가 보일 텐데요. 이제부터 늘려가면 됩니다.

꼭 애널리틱스가 아니더라도 다양한 곳에서 숫자를 수집할 수 있다는 것을 염두에 둡시다. 만약 서비스나 홈페이지가 따로 없고, 블로그에서 장사를 하고 있다면 블로그 유입이나 내부 활동 등을 트래킹 할 수 있을 거예요.

고객 행동순서에 따라 정리하기

이제 애널리틱스도 설치했겠다, 고객이 행동하는 위치 순서로 각 숫자를 나열할 수 있도록 합시다. 앞에서 말씀드렸던 퍼널 구조 순서를 이해하셨다면 순서 잡기는 매우 편할 거예요. '유입 – 전환 – 구매 – 구매 후 활동' 순입니다. 먼저 유입부터 하나하나 살펴보죠.

유입

유입되는 숫자를 볼 때는 그 앞에서 일어나는 숫자도 파악해 주는 것이 좋습니다. 유입 채널마다 고객을 데려오는 숫자를 보면 됩니다. 내가 블로그에 써 놓은 글을 보고 들어올 수도 있고, 구글, 페북 등을 통해 진행하는 광고를 보고 들어올 수도 있습니다. 애널리틱스가 대충 잡아주기는 하는데 별다른 감을 잡지 못한다면 '직접 유입'으로 감지를 합니다.

그런데 생각해 보세요. 클릭도 귀찮은 시대에 주소창에 주소를 정직하게 쳐서 들어오는 사람들이 얼마나 되겠습니까? 대부분 어딘가에서 링크를 눌러서 들어오게 되지요. 자동으로 잘 잡지 못하니까, 그 링크에 꼬리표를 달아서 어디서 무엇을 보고 들어오게 되었는지를 판단하는 장치가 'UTM^{Unified} ^{Threat Management}'입니다.

당장 임의의 쇼핑몰에 들어가셔서 제품을 눌러보시면, 주소가 엄청나게 길어진 것을 확인할 수 있을 거예요. 친구한테 링크를 보낼 때 주소가 어마어마하게 길어서 카톡 창을 가득 덮어버리는 경우도 몇 번 겪어보셨을 겁니다. 꼭 필요한 주소 뒤에 붙는 긴 코드가 대부분 UTM입니다.

https://www.mkjdeer.com?utm_source=naver&utm_medium=cpc&utm_campaign=brand_ad

이 예시처럼 기본적인 주소 뒤에서 각종 정보를 담고 있는 형태가 됩니다. 어디서 들어왔는지를 설명하는 utm_source를 보면 naver라고 적혀있지요? 이런 주소를 통해 들어오면 구글 애널리틱스는 네이버에서 유입된 트래픽이라고 인식하게 됩니다.

UTM 코드는 내부에서 일어나는 트래픽 흐름을 보기 위해서도 사용되지만, 주로 외부에서 무엇을 보고 들어오는지 파악하고, 어떤 광고나 콘텐츠가 고객을 효율적으로 데리고 오는지 파악하는 데 사용돼요. 이때 몇 가지 케이스를 생각해 볼 수 있을 겁니다.

- 어떤 채널에서는 유입은 많은데 이후의 행동(전환)이 일어나지 않을 수 있다
- 어떤 채널은 유입은 적지만, 들어오는 사람들이 고객으로 전환될 확률이 높다.

둘 다 회사의 상황이나 전략에 따라 필요한 상황이 되기도 합니다. 전자는 헛돈을 쓰고 있는 것 같지만, 마케팅에서는 지금 구매하지 않더라도 일단 인식시키는 게 중요할 때가 있으니 그래도 괜찮은 흐름입니다.

이런 식으로 유입 채널을 분석하면서 이후의 활동까지 보면 어떤 채널이 어떤 역할을 하고, 어떨 때 효율적으로 활용할 수 있을지 사전에 알아두는 용도로 생각해 볼 수도 있습니다.

막해팅 말고 마케팅

전환

서비스, 홈페이지 안에서 일어나는 고객 행동들의 모든 것을 '전환'이라고 규정할 수 있습니다. 전환에도 단계가 있습니다. 들어온 고객이 페이지를 보고 흥미를 느끼면 스크롤을 내려볼 것이고, 더 알아보기 위해서 다른 링크를 누를 수도 있겠죠. 앞서 이야기한 CTA와도 연결되는 개념입니다.

더 관심이 생기면 회사 소개서를 다운로드한다거나 적극적으로 알아보는 행동을 취할 것이며, 최종적으로 우리와 상담을 진행하기 위해 폼을 작성하거나, 쇼핑몰이라면 구매를 진행하게 될 것입니다. 이런 행동들을 하나하나 태그를 걸어 수치화할 수 있습니다. 그리고 그 숫자들을 활용해 전환율 등 중요한 숫자들을 구할 수 있습니다.

전환율을 보는 것만큼 전환이 안 되는 수, 즉 '이탈률'을 보는 것도 중요합니다. 어느 지점에서 전환이 되지 않고 나간다면 고객이 다음 행동에 대한 힌트를 얻지 못했거나 어느 부분에서 실망하고 나가고 있다는 뜻일 수도 있으니까요. 멘트나 UI를 고치거나 때로는 서비스 자체를 고쳐야 하는 신호가 되기도 합니다.

구매 후

고객을 한번 보고 말 사이처럼 대하면 그 사업은 오래가지 못합니다. 설사 인생에 한 번만 만나게 되는 재화일지라도 경험이 마음에 들어서 다른 사람에게 추천하게 만드는 것이 가장 좋습니다.

꼭 추천하지 않더라도, 우리 회사 제품이 어땠는지 설문 조사를 실시해 여러 가지 숫자를 받을 수도 있죠. 욕을 한다면 고치면 되고, 칭찬을 한다면 그 내용을 발췌해 여기저기 자랑할 수도 있습니다!

구매자에게 설문 조사를 실시한다거나 후기를 남기게 만드는 장치를 만들고 계속 모니터링하세요. 이 또한 수치인데, 이런 숫자들은 다른 사람들의 구매를 촉진하는 역할도 하지만, 투자자처럼 회사의 상태가 어떤지 확인하고 싶어 하는 사람들에게 안심을 주는 역할을 하기도 합니다.

재구매율은 '리텐션'이라고 하는데요. 요즘은 회사가 얼마나 잘 돌아가는지를 보는 숫자로 굉장히 많이 요구됩니다. 이는 서비스 만족도를 의미하는 수치라고 보시면 된답니다. 회사를 만든 지 일 년도 안 되었는데 어디서 주워 들어서 '리텐션이 어떻게 되죠?'라고 물어보는 경우가 왕왕 생깁니다. 그럴 때를 위해 리텐션 숫자를 준비할 수도 있지만, 준비되지 않았다면 후기라든가 설문 조사 만족도만으로도 궁금한 사람들의 걱정을 누그러뜨릴 수 있으니 초기에는 크게 걱정하지 않으셔도 됩니다.

펼쳐놓고 보기

지금까지의 과정을 의식의 흐름대로 나열하면 하나의 마케팅 퍼널을 만들 수 있을 것이며, 고객의 행동 흐름이 어디서 막히는지, 지금 가장 반응이 좋은 것이 무엇인지까지도 파악할 수 있을 것입니다.

예를 들어 쭈쭈바를 먹는다고 생각해 봅시다. 열심히 빨아들이기만 하면 막혀서 바닥 부분이 안 나오게 되잖아요. 주물주물 주물러서 뒤에 있는 것들도 밀어내 주고, 막힌 부분도 풀어주어야 온전히 다 먹을 수 있게 되듯, 하나의 관을 열심히 주물러 최대한 빨아먹을 수 있도록 노력해 봅시다.

데이터가 모인다면 만들 수 있는 숫자는 무궁무진

사업은 돈의 흐름, 서비스는 사람의 흐름입니다. 모든 것은 지나가면서 흔적을 남기고, 마케터는 그것들을 주워 담아 수치화를 해야 합니다. 아무 리액션 없이 쓱 보고 나간 귀신같은 사람도, 그런 사람이 있었다는 사실 자체를 숫자로 남겨야 하죠.

들어온 사람, 결제한 사람, 들어왔다가 그냥 나간 사람, 물건을 들고 한참 바라보던 사람, 그러다가 그냥 나간 사람, 직원을 불러 궁금한 점을 물어본 사람, 특정 카테고리의 상품을 본 사람, 그리고 전체 결제 금액 등등 사람과 돈의 흐름에 대해 꼬리표를 달 수 있는 것은 무궁무진합니다.

업종과 사업체별로 저마다 다른 수집 목표를 가질 수 있을 거예요. 이 책에서는 가장 보편적인 숫자들로만 이야기했으니, 현재 자신이 일하고 있는 곳에서 수집할 수 있는 숫자가 어떤 것들이 있는지를 잘 생각해 보시길 바랍니다.

이렇게 데이터들을 최대한 수집하고 나열하면 많은 것들이 보이게 됩니다.

광고로 유입은 많은데 아무 반응이 일어나지 않는다면 광고가 우리 제품의 특징을 제대로 이야기하지 않아 엄한 사람들을 데려오는 것이라고 생각할 수 있으며, 광고가 연결하는 랜딩 페이지가 제 역할을 하지 못하고 있을 수도 있습니다.

상세페이지까지 다 보는데 구매를 하지 않는다면 구매를 촉진시키기 위한 프로모션을 진행하거나 가격 정책을 변경해 볼 수 있을 겁니다.

이런 식으로 '이유가 있는' 의사결정을 할 때 데이터는 객관적인 증거자료, 또는 앞으로 행할 마케팅의 목표 수치로 자리매김할 수 있게 됩니다. '저기서 하니까 우리도 하죠!' 보다는 훨씬 설득력 있는 마케팅 활동이 되겠죠.

좋아 보여서 하는 것은 안 하는 것보다는 좋을지 모르겠지만, 무의미한 행동과 쓸데없는 야근을 만듭니다. 데이터를 잘 팔아서 전기세라도 절약해 보자구요.

☑ 이 정도만 알아가시면 충분합니다

- 데이터를 살피기 위해서는 구글 애널리틱스를 활용하자. 업계 표준이다.

- 고객 행동 순서 : 유입 → 전환 → 구매 → 구매후 활동에 대한 지표를 순서대로 기록하자.

- 그밖에도 추가할 수 있는 수치는 다 집어넣고 주기적으로 관리하자.

- 이 숫자의 변화를 살피면 비즈니스의 흐름도 보일 것이다.

나가며

관성의 힘으로 움직이지 않는
마케터가 되길

들어가는 글에서, 혹은 본문 곳곳에서 말한 것처럼, 마케팅은 정말 '생각대로 되지 않는' 대표적인 영역일 것입니다.

세계 유명 대학의 MBA를 나온 사람들도 마케팅에 있어서는 절망적인 결과를 내기도 하고, 당신이 완성하지 못한 일을 들고 와서는 '어떡하죠?'라며 물어보는 일이 생깁니다.

다른 사람의 못난 점을 보면서 즐기라는 뜻이 아닙니다.

나도 언제든 그럴 수 있다는 생각을 가지고 항상 겸손하시라는 뜻입니다.

제가 이 글들에서 소개한 사례나 해결 방법은 시간이 지나면 구닥다리가 될 수도 있고, 제가 몸담아보지 못한 다른 업계에서는 '잘 모르는 사람이 하는 헛소리'로 여겨질 수도 있습니다. 나의 상황에 맞는 정답은 다른 사람이 만들어 줄 수 없으니까요.

막해팅 말고 마케팅

개인적으로 마케터는 유목민과 비슷한 성격의 일을 한다고 생각해요.

유목민들은 대체로 떠도는 삶을 살기 때문에 항상 새로운 환경과 상황을 만나게 됩니다. 분명 작년에는 4월쯤에 소 떼가 이곳으로 왔는데, 올해는 내가 지역을 옮겨서, 아니면 기상 이변으로 인해 2월 말에 뜬금없이 소 떼가 몰려올 수도 있고, 아주 안 올 수도 있겠죠. 그럴 때 '에잉, 작년엔 안 그랬는데' 이러고 있으면 나와 가족들은 굶어 죽을 겁니다.

준비가 잘되지 않았더라도 소 떼 속으로 뛰어들거나, 지금이라도 소가 있는 곳을 찾아 나설 수 있어야 해요. 그게 유목민의 능력이고 기술입니다.

마케터도 마찬가지입니다.

지금 나의 상황을 통해 빠르게 최선의 길을 찾을 수 있는 응용력, 잘 모르겠다면 아는 척하지 말고 물어보거나 주변 사람들과 이야기를 시작할 수 있는 친화력, 그리고 결정된 것을 정확하게 수행할 수 있는 테크닉과 흔들리지 않는 뚝심이 필요하죠.

부디 여러분들은 흔들리지 않는 나만의 가치관을 가진 채 세상이 어떤 모양이 되더라도 유연하게 움직이는 마케터가 되시길 바랍니다.

Thanks to

○
○
○

글을 만드는 것에 많은 도움을 받았습니다.

글 안 쓰고 도망 다니는 작가를 어떻게든 다 쓰게 만들어 주신 이유림 실장님, 만날 때마다 '그래서 쓰고 있다는 책은 언제 나오냐'고 물어봐 주는 가족과 친구들, 일하는 방법과 가치관을 일깨워 준 수많은 선·후배님들, '나는 저러지 말아야지'라는 반면교사가 된 사람들, 책이든 강의든 지식을 전달해 주신 만나본 적 없는 멘토님들, 사랑하는 아내, 그리고 어떻게 유입되셨는지는 모르겠지만 이 글을 읽고 계신 독자분들….

모두 감사합니다.

막해팅 말고 마케팅

초판 1쇄 인쇄 2024년 4월 25일
초판 1쇄 발행 2024년 5월 6일

지은이 민경주
기획 이유림
편집 정아영
마케팅 총괄 임동건
마케팅 안보라
경영지원 임정혁 이순미

펴낸이 최익성
펴낸곳 플랜비디자인

디자인 박은진

출판등록 제2016-000001호
주소 경기도 화성시 동탄첨단산업1로 27 동탄IX타워 A동 3210호

전화 031-8050-0508
팩스 02-2179-8994
이메일 planbdesigncompany@gmail.com

ISBN 979-11-6832-100-7 (03320)